U0957138

断癌念

邱世华访谈录

QIU SHIHUA FANGTANLU

郭宇宽 著

中国发展出版社
CHINA DEVELOPMENT PRESS

图书在版编目（CIP）数据

断癌念——邱世华访谈录 / 郭宇宽著 . —北京：中国发展出版社，2018.6

ISBN 978-7-5177-0855-1

Ⅰ . ①断⋯ Ⅱ . ①郭⋯ Ⅲ . ①邱世华—访谈录 Ⅳ . ① K826.2

中国版本图书馆 CIP 数据核字（2018）第 095918 号

书　　　名： 断癌念——邱世华访谈录
著作责任者： 郭宇宽
出 版 发 行： 中国发展出版社
（北京市西城区百万庄大街 16 号 8 层　100037）
标 准 书 号： ISBN 978-7-5177-0855-1
经　销　者： 各地新华书店
印　刷　者： 北京市密东印刷有限公司
开　　　本： 880mm × 1230mm　1/32
印　　　张： 5.5　彩插 16
字　　　数： 65 千字
版　　　次： 2018 年 6 月第 1 版
印　　　次： 2018 年 6 月第 1 次印刷
定　　　价： 38.00 元

联 系 电 话：（010）88919581　68990692
购 书 热 线：（010）68990682　68990686
网 络 订 购： http://zgfzcbs. tmall. com//
网 购 电 话：（010）88333349　68990639
本 社 网 址： http://www.develpress. com. cn
电 子 邮 件： 179788905@qq. com

版权所有・翻印必究

本社图书若有缺页、倒页，请向发行部调换

郭宇宽博士的《断癌念》这本书，很有启发性，我觉得特别是很多知识分子可以看看这本书。因为优秀知识分子的性格常常是沉潜内向的，甚至是很孤独的，这样才能产生学术的创新，但这种内向和追究真知的态度，确实很容易导致书中说的“憋屈”，这本书对于知识分子提醒自己如何平衡情绪和心态很有帮助。

——北京大学国际战略研究院院长　王辑思

作者与邱世华先生（左） 2017

无题　纸上水彩、油彩　1978

无题　纸上水彩、油彩　1986

无题　纸上水彩、油彩　1975

无题　纸上水彩、油彩　1987

无题　纸上水彩、油彩　1987

无题　纸上水彩、油彩　1990

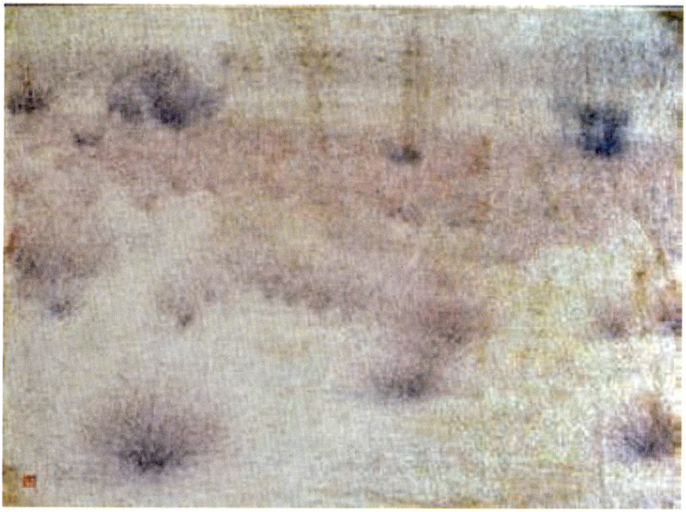

无题　纸上水彩、油彩　1994

无题　纸上水彩、油彩　1996

无题　布面油彩　1998

无题　布面油彩　2000

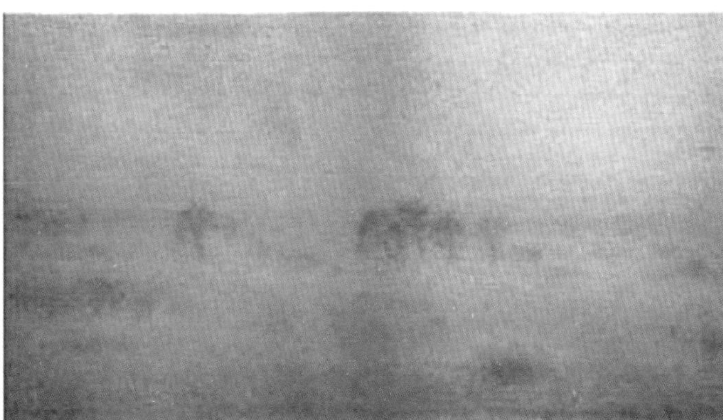

无题　布面油彩　2001

无题　纸上水彩、油彩　2009

无题　布面油彩　2013

无题　布面油彩　2015

题记

一部关于表达和超越自我的心灵史

郭宇宽

我曾经很反感老庄思想，什么叫“道可道，非常道”，这不是不知所云么？我推崇语言是思想的边界，你讲不清楚的道理就是你想不清楚的道理。你自己都想不清楚还讲什么“道可道，非常道”，就是智商不足还故弄玄虚。后来我见到了一些我非常敬重的老师们，不抽烟、不喝酒，生活方式很健康，却都得了癌症，而且还都是无论怎么化疗也治不好。很多点滴的遭遇积累在一起，让我开始思考人的生命和心灵保健的问题。一位有老庄思想的老艺术家邱世华给了我很大的启发，我也从生命的体验中开始重新理解老庄。

这是一部关于表达和超越自我的心灵史。

专家推荐序

不重视情绪调节，好人还真容易得癌

上海交大 新华医院肿瘤科教授　陈思宇

郭宇宽提出为什么“好人反而容易得癌”这个听上去好像违反常识的非常新鲜的观点，在我看完这本书后，理解到传统的好人，自省型、自我压抑的修养特点确实容易导致情绪的抑郁。有很多研究已经证实，人的免疫力与情绪有关。如果长期处于过度紧张、压力过大抑或抑郁状态，免疫力会降低，对疾病的抵抗力降低，确实容易诱发一些疾病，包括肿瘤。

癌症的发生与遗传基因、环境、生活习惯等各种内外因相互作用的复杂情况有关。这本书侧重从精神因素角度分析观念和癌症病例的关系，又有深度观察的案例，故事很生动，里面也有一定的科学依据。

其实我们肿瘤专业的医师目前在治疗过程中，也意识到病人情绪因素的重要性，除了药物和手术，心理疏导和危机干预也是很重要的。我们也一直在探索更好的方法和切入点。本书中提出一些基于道家思想观点的方法，其实就是一种心理干预。道家思想在中国有悠久的历史和群众基础，易于被唤起，也许真的是一种有效的心理干预切入点。

但是，我们在强调意念和精神作用的同时，不意味着就不重视科学规范的治疗。书中介绍的这位老艺术家放弃了治疗，靠艺术创作的投入、靠道家的导引方法使病情康复，这毕竟是个例。我们决不能推广说得了癌症都不经过放化疗，用意念去打坐修禅就可以了，那可能会耽误很多人的病情，癌有很多不同的癌，也不是所有人都有老艺术家的修为。

我个人认为，未来如果我们能探索这种以哲学态度来转变情绪，以转变情绪来引发内在免疫力修复的方法，并且能够将它和正规医疗手段很好地相互配合，会是广大癌症患者真正的福音。

目　录

人的观念如何影响情绪

人的情绪如何影响内分泌

内分泌失调如何改变体质导致器官机能失调产生癌症

这个驱动的链条只能从观念上打破

引言

有一种癌叫“认真憋屈癌”

癌症是非常复杂的现象

§

癌症非常复杂，我了解的现代医学对有些癌症还搞不清楚。很多人还在争论中医管用还是西医管用，是相信科学还是相信养生。

有些宣称被治好了的癌，我也不能确定是最初压根儿被误诊还是真的确定病人最终痊愈了。有些癌症，比如肠癌，相对好办点儿，跟得了阑尾炎差不多，治疗方法清晰。如果没转移，把肠子切掉一节，再做做化疗，很大概率能康复。

但另一些癌，像乔布斯得的癌，中医西医谁管用了？这样的人世界上任何最先进的疗法都可以接触到，但什么疗法都用上，最后还是走了。有些癌怎么治？现代医学也讲不清楚。

得癌症的原因可能有很多，比如不健康的生活习惯，有些人长期生活不规律，长期大量吸烟。当然也有人烟酒都沾，却也活得很好，关键看各人体质。再者饮食不能过量，可是什么叫过量也没客观标准，因人而异吧，因为即使是好东西，超过身体正常适应范围也会出问题。我爷爷兄弟几个生活习惯都很有规律。我爷爷身体没什么病，他的大哥和三哥在美国，却都是得结肠癌去世的。我想可能因为他家是江南人，几代耕读，还是素肠子，不像游牧民族顿顿吃肉，到美国后吃牛排奶酪太多了，肠胃就受不了了。接触有毒化学物质或者受辐射污染的环境也会得癌。我的一个堂弟得淋巴癌去世，他在南京大学学化学，我估计他在实验室不知沾上了些什么。有些人因装修房子残留有甲醛，不注意防护也有同样的后果。服用有副作用的药品保健品也可能会致癌。我外婆曾经受了保健品公司骗子的蛊惑，吃了几年“牛初乳片”。

我苦劝她，她不听，说吃了感觉精神都好了。这跟福寿膏一样的东西肯定是害人的。我妈妈姐妹三个，我妈妈和小姨没吃“牛初乳片”，我二姨不听劝，跟着吃“牛初乳片”。我外婆得子宫癌去世了，之后两年我二姨也查出了乳腺癌。我想，那个“牛初乳片”里肯定有很多激素类不好的东西。遗传或者器质性改变的疾病也容易得癌。我大学里情同手足的好同学，和我寒假一起到北京上新东方，二人经常在一起喝啤酒吃烤肉，后来他得肝癌去世了。他去世后，我才知道他小时候得过肝炎。他也不早说，要早知道他得过肝炎，怎么还能让他喝啤酒呢？这让我悔恨终生。这些都是我可以理解的癌症诱因。

这些情况，哪怕是遗传，也是可以提前预警、注意防范的。而有一类得癌症的情况，我曾经觉得不可思议，认为是无法防范也没法儿治的。我没看到一例这种情况的癌症靠化疗、放疗能治好的。

我的大姑父就得了“认真憋屈癌”

§

我的大姑父，心地善良，一辈子不抽烟、不喝酒，饮食是江南口味，很健康，很注意身体，每天量血压，家族中人也挺长寿。可是他突然就查出来得了胃癌，化疗化得人都不成样子，后来就去世了。

他是我本科母校机械学院的分党委书记，很正派善良，是我见过的模范共产党员。我当时恰好在机械学院读书，他在学院里很有威望，但从来也没有为我打个招呼，帮我评个学生干部、奖学金什么的，没人知道他和我是亲戚。他很关心我，经常周末招我到家里去，炖一锅土豆牛肉汤让我吃。学校分房子，那时候都是没电梯的楼，他和我大姑两个人都是教授，条件不错，可以选最好的楼层，而他高风亮节，分了个最顶层的单元。就这么一个严于律己的好人，对社会上一些不正之风很看不惯，言辞中间让人感觉他很不痛快。但在外面，他整天讲的都是“正能量”，跟谁都是满面春风，真有修养。自己不痛快，还要给别人做思想政治工作，我觉得，他得癌就是因为整天拧巴着，天人交战，给憋屈出来的。

孤独的哲学老师刘永富

§

我在学校时，很欣赏一位哲学老师刘永富[1]。他不抽烟，不喝酒，很严谨，跟我一样喜欢真学问。他搞的学问，在我看来是最顶尖的哲学，跟维特根斯坦一个路数，或者说跟玄奘法师搞的“因明学”是一个路数，是关乎认识问题的方法论的。他把他的学问叫“所知学”。在大学里，人文学科很容易捣糨糊。有些浮学阿世的

[1] 刘永富，西安交通大学教授，主要研究哲学基础理论、西方哲学。出版有《真假论纲》（中国社会科学出版社2002年）等。

人，甚至连浮学都算不上的人，一路拍马屁搞关系熬年头也能混成教授。这种人混成教授以后，更善于利用学术资源做利益交换，搞得得风得雨，徒子徒孙很多。

我当时参加大学生辩论赛，刘永富是学校顾问老师之一。在分析问题的方法上，我跟他最有共鸣。当时交大辩论很厉害，坊间流传说交大辩论的特色是“铁立论”，我觉得这个逻辑的严密精致和刘教授很有关系。

但在学校，没什么人搭理他，大家虽不否认他有学问，但对具体学问的传承都很马虎，没什么人能跟他真正对话。他自己的研究生水平也跟不上他，在学术上他很孤独。有一次他来辩论队点评训练比赛，中午回家，我正好跟他一个方向，我步行，他把书包挂在自行车头上，推车和我一起走，一路走一路聊。记得当时我们学校家属区有段上坡路，我对有些人讲问题讲得颠三倒四很看不上。我说：“刘老师啊，不是我狂妄，你们学院有些搞人文的，讲道理真是讲得不通啊。”他把车停下来比划着跟我说：“什么叫讲道理讲不通啊，就他们那水平，连世上啥叫道理都不知道。”他接着从包里掏出一本书来说："宇宽，这书送你拿去看看。"我说："好，谢谢刘老师。"后来我们就分手了。多年之后，我从西安到北京，搬了几次家，这本《论真假》一直放在我书架上。那本书是西安交通大学出版社出的，真是一本呕心沥血的书，当然也不是畅销书，买的人少，冲他面子买回家真正看的人估计更少。前两年我突然想起来，我当时真不懂事，怎么就没请刘教授签个名！后来回母校，刘教授已经不在了。

听说前些年校领导知道他这个人师德好、学问好，让他当人文学院院长。他当了没两年就查出来得了癌症，很快就去世了。我好后悔，他在世的时候，我整天瞎忙，没写篇文章对话一下他的"所知学"。我想，本来他就很孤独了，人文学院相比理工科学院，缺乏客观标准，各种争议更厉害，评奖评职称更麻烦，好多事务性工作围着他。他当了院长，身边好多人会恭维他，但是对他的学问未必理解，也不一定有兴趣理解，这样他就更孤独了。

他让我想起另一个我非常敬仰的学者殷海光[1]。殷先生实在太认真了，他研究逻辑学，这也是中国人最不讲究的专业。他最反感那些慷慨激昂喊口号的，口号虽好听，能煽动人心，但背后逻辑到底是什么？人一认真就容易跟领导抬杠，觉得领导讲话也有很多讲得不对。他在台湾还能当老师，但也很倒霉，当年台湾也有“立场坚定”的学生举报他，说他在课堂上散布负能量。他要是个见风使舵的人就好了，但他却是个很认真的人。他讲的明明是逻辑嘛，这些人听不进去也不服他。后来台大就不让他给学生上课了。我去台湾的时候，专门去寻访他的故居。他的生活条件还是很不错的，有个很优雅的小独栋洋楼的院子。他的学生王小波说，他后来经常坐在院子里那棵大树下沉思。再后来，殷海光先生就得了胃癌。

[1] 殷海光（1919—1969），原名殷福生，湖北黄冈人，著名逻辑学家、哲学家，曾师从金岳霖先生。西南联大毕业后，进入清华大学哲学研究所，并曾在金陵大学（南京大学前身之一）任教，后在台湾大学哲学系任教。

有时候认真就是一种最可怕的致癌因素

§

还有我相交最深的一位老师——中国政法大学研究宪政的蔡定剑[1]老师。蔡老师生活方式很健康，是苦心孤诣想要传递火种的人物，后来得了肝癌。

蔡老师跟司马迁一样，跟历史较劲，直到最后一刻还在跟病魔斗争，觉得事业未竟，真是死不瞑目。想来

[1] 蔡定剑,1955 年生于江西新建，家中兄妹五人。1983 年，他本科毕业于中国政法大学，1998 年获北京大学法学博士学位。1986 年至 2003 年底，他先后供职于全国人大常委会研究室、秘书处，任职至副局长。后在中国政法大学任教。

心酸得很。

我专门写过文章纪念蔡老师，他的学问价值都不用再说了，我只思考他怎么得了癌症，而且事业未竟，也相信科学，但化疗、放疗各种方法都用尽了也没有治好。

涂尔干[1]写过一本书叫《自杀论》，这是一本社会科学经典。他分析了很多自杀现象，得出的结论是，不是贫困、疾病、气候这些外在看到的指标，这些只是表面现象，社会孤立感是造成人自杀的最主要原因。

我从这些尊敬的老师身上得到启发，有一种癌在那些性格特别认真、特别爱讲道理、思维层次又比较高的人身上发生的几率较高。这种人办事认真，容易得罪身边的人，常被当作不合群而受到排挤，被当成钻牛角尖甚至不知所云的傻瓜蛋。世俗社会很势利，对这些人，

[1] 埃米尔·杜尔凯姆（Émile Durkheim，1858年4月15日—1917年11月15日），又译为迪尔凯姆、涂尔干、杜尔干等，法国犹太裔社会学家、人类学家，法国首位社会学教授，《社会学年鉴》创刊人。主要著作有《自杀论》及《社会分工论》等，与卡尔·马克思及马克斯·韦伯并列为社会学的三大奠基人。

多嘲笑冷漠。这些人少有知音，有些人甚至可怜到家人都不理解他们。

这时候，认真就成了一种最可怕的致癌因素。在不讲原则的社会氛围里，认真的人往往不会被珍视，反而被排斥，有强烈的孤立感。

这些人性格往往倔强刚强。人要真能破罐子破摔，得了，懒得跟你们认真了，就像人家劝屈原的“沧浪之水清兮，可以濯我缨，沧浪之水浊兮，可以濯我足”，反而也就想开了。

可是这些老师就像海明威笔下《老人与海》里的老渔夫，你越不承认他，他越想证明自己，证明他来到这个世界上不是为了被别人征服的，这些人就容易得癌症。彭德怀元帅已经被罢官了，住在挂甲屯，还要亲自种实验田，想证明亩产十万斤是不是事实，最后也得癌症了。

一个“认真憋屈癌”患者的康复故事

§

2015年，我认识了一位老艺术家邱世华[1]，老西安美院毕业的。他是个很认真、很爱思考的人，他的艺术追求的学术性非常强，学术脉络很清晰，背后有一种深刻的哲学，就像罗斯科那样，不是浅层次娱人耳目的东

[1] 邱世华，1940年生于中国四川资中。毕业于西安美院。1962年分配到陕西铜川矿务局电影院从事海报绘画工作，70年代多次去延安写生，作品被选中参加了全国美展。文革结束后前往深圳从事艺术创作，1986年作品第一次在巴黎参加国际性展览。现生活和工作在中国和美国。

西。这种深刻的东西，也不是像齐白石那样画两个虾，画两个桃，挺好看，挺吉利，人民群众喜闻乐见好理解。他的眼界高、境界高，脾气又孤傲，在艺术圈一样受人排挤。有些老外很认可他，一些国际上顶尖的收藏家和批评家很认可他的学术地位，但他在国内吃不开。他不会外语，不会营销自己，走市场路线也不算吃得开。

有一段时间，他参加上海双年展，作品被人泼墨，非常委屈。他跟人家讲，我这个作品是有价值的，但没地方讲理。他一把岁数了，明明在国际市场上卖几十万一张的作品，却被人说得一文不值。他无辜地吃了一记窝心锤，越想越委屈，第二年就查出得了淋巴癌，脖子上长出了肿瘤。托关系到广东省肿瘤医院治，院长亲自安排化疗，做了两个疗程，花了好多钱，还弄得求生不能、求死不得。医生说还得再做几个疗程，然后看看能不能做手术切肿瘤。

他觉得再治恐怕得死在化疗上，自己还是听天由命吧，就回了家。他本来就有很强烈的老庄思想的倾向，到家后每天打坐休息，有精神就继续画画，别人认可不认可随便，自己画得浑身舒服就行。后来他的癌症居然不治自愈，肿瘤消退，啥毛病都没有了。他也不去医院复查，现在已活了十几年，精神还挺好。

这是我见到的，不是因为不良生活习惯，不是因为遗传，不是因为污染和辐射，就是因为有思想追求、因为受委屈而得癌的案例中，唯一康复的案例。

要是和老庄思想结合就好了

§

后来我跟邱世华先生交往比较多，他经常跟我说：“小郭啊，你这个人正义感太强，这样不好。”有人采访他，问他：“你画的这个画模模糊糊的，都是个啥啊？”他也不多解释，只说“你看是啥就是啥”。

我一开始不是很能适应，这不就是不知所云的老庄思想么？后来我慢慢品味这种哲学，重新体会老庄哲学的价值。

老庄思想不是格物致知修身齐家治国平天下的向外扩展的思想。人不能一直把弦绷得太紧，老庄思想是一种在不讲理或者跟别人道理讲不通的环境下，最好的自我保护，就好像高压锅装上一个排气阀，烧得温度很高也不会爆炸一样。人体好比是个高压锅，如果没有压力，不能把东西炖熟，不会有什么成果；但如果没有排气阀，就会把自己给烧爆炸了。

这是最近突然的感悟，我想起像刘永富、殷海光、蔡定剑这些令我扼腕叹息的老师们。有时候正直、认真、执着这些不俗的、高贵的、应该被尊敬和景仰的品格，要是和老庄思想结合，该有多好啊。

上篇

一个患癌艺术家的生死转机

艺术的横来之辱

§

故事要从 2004 年上海双年展说起，邱世华是受邀参展艺术家之一。

他有总标题为《风景》的四幅大幅油画作品参展，布置在主展厅最醒目的位置。这对艺术家来说，是很大的荣耀。

一天，观者如织，众目睽睽之下，一个中年男性观众走到邱世华的油画作品前，突然从怀里掏出一罐油漆朝画上乱喷一气，画布上立即留下一条条深灰色的印痕。反应过来的观众惊呼起来，之后舆论哗然。邱世华画画是很费心血的，一幅画要画几十遍，这不要气得吐血么？

一般人遇到这样的事情，会打官司，会辩解，会找媒体开新闻发布会，一定要讨回公道，但邱世华是个很独特的人。

为什么解释是无用的

§

邱世华的性格中有很孤僻的一面，朋友不多，即便受了别人的误解，即便在很困难、委屈的时候，也从不主动辩解。

他觉得解释无用。这种性格可能从父亲那里继承而来。

邱世华少年丧父，对父亲的印象依旧停留于孩提时候。他父亲是个不苟言笑、庄严肃穆的人，虽受教育不多，但有布衣之士的尊严，人很善良，对孩子们管教也严，基本上全是无言之教。他小时候有一次看见别的小孩吃东西，心里流口水，眼睛就想看。他父亲抬手就是一巴掌，让他羞愧得不得了。他到现在还记得很清楚。什么叫人穷志不穷，什么叫目不旁视，这是父亲给他的印记。

他到老都依然觉得不如当年的父亲。他父亲常说自己没学问，斗大的字不识半升，却能看很厚的一本古籍，所以行为会传统一些。父亲和邱世华平时话很少，没有什么口头教育，常常就是一巴掌搞定。他有时候知道自己错了，也觉得父母做得对。

那时父亲做小手艺，收到的钱放在一个小箱子里，小箱子是不能动的。凡是来了讨饭的，父亲便从小箱子里拿了钱随手给人。有一次家里来了一个道士，给了钱也不走，邱世华看着很恐怖，道士身穿黑色的衣服，一身灰尘，像叫花子一样。道士对父亲说，你家小孩有病，给了一个药丸就走了。那时邱世华成天肚子疼，应该是肚子里有很多寄生虫，吃了这个药丸就好了，从此以后再也没有犯过肚子疼。可能跟这个人有点缘分，所以邱世华后来亲近道家。父亲说自己不信佛、道，但邱世华认为他是信的。

邱世华小的时候，父亲基本没有带他出去玩，或者带他出去走走看看。只有一次，那是 1949 年，四川资中虽地处偏僻，但新政权建立前后，道观里面已没有人。父亲这时带他过去，不敬香也不拜，只坐在那里不起来，一直坐着，不说话，甚至他要去厕所父亲也不理他。不知道坐了多久，终于该走了，父亲就慢慢起来带着他走了。后来年龄大了，他似乎理解了那个时候父亲的心境。

邱世华心中唯一崇拜的人就是父亲。父亲话不多，但说过的他都记得，他如今的扮相也是学着父亲。

父亲临终时他在跟前，看着父亲非常安详，再也没有痛苦，所以他不悲哀。那时他盘坐在父亲床头，看着母亲伤心得不得了，就只知道劝她不要伤心。下葬的时候，只有风水师、母亲和他三个人。风水师跟他母亲说："好了，不要伤心啦。这个风水很好，前面被一块石头、丘陵地带挡了，前途会老有障碍，但这个孩子以后不缺饭吃，就是不可做官。"

糊里糊涂走上艺术道路

§

邱世华从小家境贫寒，父母共生了他们兄弟姐妹 15 个，早出生的饿死了一些，他最小，现在广州还有一个哥哥。本来还有另一个哥哥，从小当兵在外，很少回家，家人听说他在外学坏，当了国民党地方武装的狗腿子。父亲虽不说，母亲却讨厌他，所以他一回家就挨打，是被打出去的。

邱世华的母亲虽然唠叨但很勤劳，每天天不亮就起床，劳动到半夜。她常常半夜纺织不眠，邱世华也睡不安心，就索性起来和她学纺织。纺线、掼线、装穿梭子到织布，他都学会了。这与他画画是有相关性的。那时他人小坐不上去，就站到板子上织布，脚踩，手拉，啪踏啪踏的，速度很快。布的经纬要均匀，轻重掌握、速度控制他很快就学会了。

这个经历让邱世华对布料很有感情，对油画布他很熟悉，画布的底子必须自己做。这就与后来修行及作画的态度相关了。织布其实是一种感应，不是凭视觉能解决的，是意识的操作，就是心，心在看。好比堂倌倒茶，离着客人好远来倒，也能倒进杯子里，其实就是手艺。

他后来看到一个故事，是宋朝的——

陈康肃公尧咨善射，当世无双，公亦以此自矜。尝射于家圃，有卖油翁释担而立，睨之，久而不去。见其发矢十中八九，但微颔之。康肃问曰："汝亦知射乎？吾射不亦精乎？"翁曰："无他，但手熟尔。"康肃忿然曰："尔安敢轻吾射？"翁曰："以我酌油知之。"乃取一葫芦置于地，以钱覆其口，徐以杓酌油沥之，自钱孔入，而钱不湿。因曰："我亦无他，惟手熟尔。"

康肃笑而遣之。[1]

1962年，邱世华毕业分配在陕西铜川煤矿的电影院画电影海报。有人说邱世华画画好，几乎不用起稿，挥手就画。邱世华觉得跟他从小学织布是一个道理。心手统一，往高深说是哲学。世间一切法，皆为佛法，讲的就是这个道理。

他绘画时心是在动的，在过程中不断地反馈，画所有东西其实都是在跟自己对话，最后画什么都不重要了，都是在画自己。

邱世华最早接触绘画，是上小学的时候，有师范学校的老师带着学生到他家乡写生。他第一次看见风景可以画在纸上，甚是稀奇。于是，自己找到笔和纸，开始画学校的建筑，仰视看房角是翘起来的，很特别。有学生看到了他的画就拿给他们老师看，老师说画得好，这就激发了邱世华学画的兴趣和信心。后来，他到四川省第六中学上学，当时本想报考四川美院附中，可学校不

[1] 欧阳修《欧阳文忠公文集·归田录》

让考，说高考以后才能学美术。

所以邱世华并没上过美院附中，他起步画画是没人教的，就看人家画的样子，依样画葫芦。初中已经画得不错了，高考就是拿中考的画改了一下。中学时，他给一个同学画过像。同学的父亲当教师，家境殷实，长着卷发，像外国人。邱世华把他画得很像，他们家就送了邱世华一盒水彩颜料。这给了他很大的鼓励，所以他后来练习了画水彩。

邱世华那时候学画就像学游泳，没人教，但真想学也能学会。学游泳，头埋至水下，像青蛙一样，扑地一下起来，就学会了，这不就是游泳吗？骑自行车也是，摔几下不放弃，放开去学，自己审视，找到重心，就会骑了。

他看到杂志上董希文[1]画的嘉陵江，感到那颜色真

[1] 董希文(1914—1973)，浙江绍兴人，是国家文物局规定的“作品一律不得出境”的六位大师之一。著名油画家，美术教育家，曾任中央美术学院教授，开设油画工作室培育人才。曾创作过《春到西藏》《哈萨克牧羊女》《苗女赶场》《百万

好，想到自己画的沱江灰不溜秋的，就照着董希文那样改了颜色。后来才知道，董希文那样配色其实是错的，只是因为印刷时要把颜色调得好看、鲜艳。真正考试的时候要现场画，他从资中到成都考试，很多考生都是在美院附中学习过的。一进考场，他感到自己很渺小，像个土鳖，其他人都显得比较专业，拿着铅笔，手一比画，测测比例，这些他都不会。招生的一看，觉得他不懂行。不过有位老师在后面看他画，觉得他画得挺有灵气，很欣赏他，后来他就考上当时的西安美院了。

邱世华觉得，人生很多关口就是机缘，如果没人赏识推介，你是很难成事的，强求也很难求上。

雄师过大江》等主题性绘画。

不争的人其实最好胜

§

艺术是要发展人的个性的，但在邱世华上大学的20世纪50年代，有个性是很危险的。人们可能因为一句话和大家不一样，都会成为性质很严重的一件事。邱世华在学校就觉得自己很不合群，他经常莫须有地被批评。那时候时兴批评与自我批评，批他是资产阶级作风。他三代苦孩子出身，哪来什么资产阶级作风？无非就是欣赏印象派的画。但他向来也不怨人，觉得自己在被磨炼。

邱世华记得，有一次上课，画人体写生。那时候还很保守，能画人体，感觉是个很精英的大事。

同学们就明争暗斗地抢位置，就那么两个好角度，他不抢，也抢不过别人，最后就在犄角旮旯蹲着画，好在他也不希望同学们看到他。画了两天，到了第三天师生一起讲评画作，老师觉得他画得最出色，把他的画作为样板给同学们讲。说是虚荣心也好，说是成就感也好，这让邱世华都得到了极大的满足。

他那个时候暗下决心，在艺术方面要努力超过别人。

有些人看起来平时不与人争，似乎非常谦退，而这种谦退只是一种掩饰，其实憋在内心里，自尊心和好胜心比一般人更强烈。

邂逅印象派——我的标准和你们不一样

§

学生时代的邱世华很喜欢莫奈[1]、西斯莱[2]、雷诺

[1] 克劳德·莫奈（Claude Monet，1840—1926），法国画家，被誉为“印象派领导者”，是印象派代表人物和创始人之一。

[2] 阿尔弗莱德·西斯莱（Alfred Sisley，1839—1899）出生在巴黎，父母都是英国人，自幼就在优越的家庭环境中成长。18 岁时，西斯莱遵循父亲的期望前往伦敦习商四年，回来后在一家商行工作。可是他却喜欢钻研文学和绘画，他研究莎士比亚、透纳和康斯泰布尔。

阿[1]、德加[2]等印象派画家，再到梵·高[3]、高更[4]、修拉[5]，觉得更好。

印象派的塞尚[6]、高更等对现当代艺术极具影响。那时候很多大学都没有他们的书籍，但邱世华有个老师叫余中志，是从日本留学回来的，有很多印象派的

[1] 皮耶尔·奥古斯特·雷诺阿（Pierre-Auguste Renoir，1841—1919），法国印象画派的著名画家、雕刻家。

[2] 埃德加·德加（Edgar Degas，1834—1917），印象派重要画家。他出身于金融资本家家庭，祖父是个画家。

[3] 文森特·威廉·梵·高（Vincent Willem van Gogh，1853—1890），荷兰后印象派画家。他是后印象主义的先驱，深深地影响了20世纪艺术，尤其是野兽派与表现主义。

[4] 保罗·高更（Paul Gauguin，1848—1903），法国后印象派画家、雕塑家，与梵·高、塞尚并称为后印象派三大巨匠，对现当代绘画的发展有着非常深远的影响。

[5] 修拉（Georges Seurat，1859—1891），法国新印象派画家，生于巴黎一个宗教气息很浓的保守家庭里，在这样的家庭里他养成了孤僻的性格。代表作品有《大碗岛上的一个星期日》等。

[6] 保罗·塞尚（Paul Cézanne，1839—1906），法国著名画家，是后期印象派的主将，从19世纪末便被推崇为“新艺术之父”，作为现代艺术的先驱，西方现代画家称他为“现代艺术之父”“造型之父”或“现代绘画之父”。

资料。这位老师挺喜欢邱世华，可能也是在那个年代出于没有知音的孤寂，有时候会把邱世华叫到家里去，让他看资料。

在他那里，邱世华接触到了劳特累克[1]、西斯莱。毕沙罗[2]也是邱世华特别喜欢的，毕沙罗人品高尚，与印象派画家的关系都不错，画面朴实厚重，耐看、深厚，在画风上也吸收了很多印象派的东西。他最初喜欢印象派的莫奈，后来是塞尚。修拉却有些不一样，更偏理性一些。雷诺阿和德加属于同一类型。他也很喜欢野兽派[3]，主要喜欢那种张扬。一位对印象派有影响的英国

---

[1] 劳特累克 (1864—1901)，出生于法国阿尔比的一个世袭贵族家庭，逝于马尔罗美城堡，年仅 37 岁。作为艺术的革新者，他以描绘并准确表现巴黎蒙巴特尔地区豪放不羁的艺术家们的生活特点的表演艺人而著称。

[2] 卡米耶·毕沙罗（Camille Pissarro，1830—1903），法国印象派大师。他去世前一年，远在塔希提岛的高更写道："他是我的老师。"在他去世后 3 年，"现代绘画之父"塞尚在自己的展出作品目录中恭敬地签上"保罗·塞尚，毕沙罗的学生"。

[3] 野兽主义 (Fauvism) 是自 1898 至 1908 年在法国盛行一时的一个现代绘画潮流。它虽然没有明确的理论和纲领，但却

画家透纳[1]，也让邱世华对风景画有了不同的理解。

还有一位名为莫里索[2]的女画家，邱世华非常喜欢。莫里索在艺术史上不是很出名，但画面清淡、透明，这种纯净风格的作品，与画家性格有关，也与对艺术的态度立场和心性有关。

那时苏联艺术在中国被抬高到至高无上的地位，邱世华也不排斥，多吸取不同的东西倒没有坏处。在学校期间，他非常幸运，有机会从各种流派身上吸取了很多营养，但毕竟不是自己的东西，也不能照搬。他慢慢消化，

是一定数量的画家在一段时期里聚合起来积极活动的结果，因而也可以被视为一个画派。野兽派画家热衷于运用鲜艳、浓重的色彩，往往用直接从颜料管中挤出的颜料，以直率、粗放的笔法，创造强烈的画面效果，充分显示出追求情感表达的表现主义倾向。

[1] 约瑟夫·马洛德·威廉·透纳（Joseph Mallord William Turner，1775—1851）19世纪上半叶英国学院派画家的代表，在西方艺术史上无可置疑地位于最杰出的风景画家之列。

[2] 贝尔特·莫里索（Berthe Morisot,1841—1895），生于法国布兰热一个颇有声望的官吏家庭，是法国印象派团体中不可或缺的人物和出色的女画家。

一点一点分析理解。

那时学校有一本英国出版的梵·高的画册，文字看不懂，他托朋友去翻译。那人英语很好，但不是学画画的，费了很大劲给翻译出来了。后来《美术》和《美术研究》杂志上都发表了。梵·高的故事，让邱世华看了后非常悲痛，有一种艺术家同病相怜的感觉，感到此路不通。他又想到在艺术道路上和梵·高不完全一样，还是可以有信心的，要脚踏实地，反复调整。

中国人的书画如何在精神和技术层面达到一定高度？必须完全建立一套自己的体系，在艺术之林才可能一枝独秀，才可能前无古人。

他后来打坐时突然悟出来了，在学校的时候还没有多少理论上的自觉。

像王子云老师这样超越时代的大师总是孤独的

§

邱世华在 20 世纪 80 年代早期的作品就已经很当代了，那时，还是现实主义居主流，学校主要是苏联体系的现实主义教学模式，他也跟着学那些。

但幸运的是，他在心里很早就种下了不同的艺术种子。简直是上天的恩赐，他遇到了一位好老师——王子云[1]。他说，回过头来看，自己后来的艺术道路，都是

[1] 王子云（1897—1990），原名青路，字子云。光绪二十三年（1897 年）出生于江苏省徐州府萧县。早年毕业于国立北京美术学校（今北京大学艺术学院），后考入法国巴黎国立高等美术学院。王子云是中国现代美术运动先驱，中国新美术运动最早的倡导者和参加者，中国美术考古的拓荒者，现代美术教育学派和美术考古学派的先驱。王子云留法期间创

受王子云思想的启发。

那时王子云教他的不是画画，而是美术史，是艺术思想。今天知道王子云的人可能不是很多。赵无极[1]、吴冠中[2]、朱德群[3]都是王子云的学生。当初王子云在法

作《杭州之雨》作品受到20多家报纸报道，名字及事迹被巴黎出版社选刊于《现代美术家辞典》。王子云组成中国第一支考古团“西北艺术文物考察团”，并担任团长。他对中国古代美术遗迹进行了长达5年的考察研究，编著了中国第一部雕塑史专著《中国雕塑艺术史》。2009年6月28日，为纪念王子云艺术成就，西安美术学院设立了命名的王子云艺术奖。

[1] 赵无极（1921年—2013），华裔法国画家，生于北京。1935年入杭州艺术专科学校，师从林风眠。1948年赴法国留学，并定居法国。被称为“西方现代抒情抽象派的代表”。曾任法兰西画廊终身画家、巴黎国立装饰艺术高等学校教授，获法国骑士勋章，在世界各地举办160余次个人画展。

[2] 吴冠中（1919—2010），江苏宜兴人，当代著名画家、油画家、美术教育家。

[3] 朱德群（1920—2014），生于安徽萧县白土镇（时属江苏）一个具有文化修养的医生世家，1935年进入国立杭州艺术专科学校学习西画，1941年毕业。1955年定居巴黎，从事绘画创作。1980年入籍法国，1997年当选法兰西学院艺术院终身院士。

国留学时，前后去的艺术家中可能算他学得最广。他精通几国语言，精通绘画，在巴黎高等艺术学校学雕塑，是一个学艺术学通透了的人。早在1935年，他的个人简介及作品就已入选巴黎出版社出版的《现代美术家辞典》，在那个时代的中国艺术家中，基本算是国际成就最大的。他到欧洲考察过，抗战期间怀着质朴的爱国心回国，以艺术唤起国人的自尊，做了很多了不起的事情。

邱世华却不算一个好学生，一上课就犯困，有一次被老师讲课惊醒了，惊出一身冷汗。王子云不愠也不恼，仍然笑眯眯地看着他讲课。王子云一直是他心中的大师，邱世华当时感到很愧疚。接下来，他就听得很真切，而且也觉得很有道理。王子云指出了艺术家方向性的问题，而画画的技法并不是最重要的，哪里学都一样。王子云所讲的道理，他后来意识到，是把他的思想打通了。

王子云跟学生讲东方的艺术精神是什么，他所讲的艺术精神，不是画画就只画画，对他来说，雕塑、绘画乃至戏剧都是相通的。为什么中国的艺术精神是有价值的？王子云举过一个例子，给他留下了深刻的印象："你看西方戏剧，说有一匹马，就真的牵一匹马到舞台上来。而中国戏剧，把鞭子一举做几个动作，大家立刻心领神会，这是中国艺术中很高明的一点。"他讲得很清楚："你跟在人家屁股后面跑是永远赶不上的，你要倒回来找。美术史讲印象派学浮世绘，浮世绘的根子是从中国来，逃不过这个，当代艺术是借鉴了中国文化出来的。不止毕加索一个，多少大师教导，你们跑到西方来做啥子？东方有那么多东西和大师可学。"

他还说过："传统有好的方面，但绝不可形式化地模仿古人；西方也有其优势，但绝不可崇洋媚外。" 无需太多，只寥寥数言。王子云见多识广，眼界高，所以不迷信任何一种东西，所讲的也是实实在在的道理。他对艺术的理解那么透彻，邱世华很尊敬他，也为那时不认真听他的课而惭愧。王子云给邱世华上的最后的课程，他都听进去了。

但是，这么伟大的艺术实践家和理论家却命运坎坷，50 年代就被打成"右派"了，"文革"时被整得更惨，被折磨得很厉害。给邱世华讲课时就已经瘦骨嶙峋的，像个可怜的小老头，连腰都直不起来，可是他一直没有放弃自己的理论底线，没有迎合貌似时代主流但是在道理上并不高明的东西，为此付出了很大的代价。

在邱世华看来，王子云是真正的大师，是见识超越了那个时代的大师，但在国内，知道王子云的人并不多。

还有一位油画课老师谌北辛对他也有很多影响。这个老师在 50 年代就用油画画风景表现大写意，磅礴大气。

2016 年 5 月，谌北辛老师在中国美术馆办了一次捐赠回顾展，谌老师捐了好些作品给中国美术馆，我陪邱世华去给他的老师捧场。他们师生感情很深，在邱世华眼里，谌北辛也是被那个时代所耽误的、不那么主流的艺术家。而他是那一批学生里，唯一离开体制的职业艺术家。

那次展览上也有一些美术系统的官员艺术家，出行时前拥后呼，邱世华不是很认可他们，我也不以为然。在邱世华眼里，人是天书，需从面部读，只有脸是骗不了人的，是真实的。人的气质，做人的态度，都是刻在脸上的。透过脸部，可以看到骨子里的东西。

黄钟毁弃、瓦釜雷鸣很正常，这个世界在名利方面不都是公平的。

悲哉石鲁，他充满无法调和的人格挣扎

§

石鲁[1]是长安画派的代表性人物，是我在西安读大

[1] 石鲁（1919—1982），当代中国画家。原名冯亚珩，四川仁寿人。早年就学于成都东方美专，1940年赴延安入陕北公学，从事版画创作，后专攻中国画。1959年创作《转战陕北》，名声日隆，后与赵望云创立长安画派。擅长人物、山水、花鸟。早期画风偏于写实，用笔坚实谨严，多画革命题材；后期画风奇崛劲健，常以华山、荷花为题，笔力纵恣雄豪。曾任中国美术家协会常务理事、中国书法家协会常务理事、陕西省美术家协会主席、陕西省书法家协会主席、陕西省国画院名誉院长、中国画研究院院委等职。著有《石鲁学画录》、电影剧本《暴风中的雄鹰》等，在反右和“文革”中遭受到很多迫害。

学时就很敬仰的艺术家。

邱世华和石鲁是有交集的，当年他在西安美院读书时，石鲁在陕西名气很大。邱世华虽然比较孤傲，基本上不拜倒在任何名家脚下，但当时还是为石鲁所折服。他遍览同时代一些名家的主旋律作品，唯有石鲁的画，让他感觉具有强烈的力度，“比如石鲁的《东渡》，一道线刷地下来，那么有力度！”当时只觉不如。邱世华觉得从国画的角度看，石鲁有很多组合很丰富，非常佩服。

后来看的东西多了，对此有了更多认识。陕西是中国文化的根基，石雕石刻非常多。石鲁是搞版画的，在制作技术上比较宽泛。他的国画中渗透了陕西石雕的趣味，看那些汉唐拓片就知道了，这在陕西很容易学。邱世华后来再看石鲁就觉得不是非常了不起。

那是对一个前辈的看法，从仰视到平视了。当然，他觉得石鲁也是非常不简单的，画到了一定程度时必须脱胎换骨。“他前边的人已死，后边的人未生，他是灵魂在挣扎，理解他的画离不开这点。犹如灵魂附体，是鬼魂。”那些谈论石鲁的人，都不会像邱世华这么评价。

在邱世华眼中，石鲁是非常可惜的，他本是一个艺术家，却被变成政治工具了，他心有有不甘，所以他的画就剑拔弩张，像魔鬼在呐喊。

当年有人批评石鲁的作品“野怪乱黑”，不符合时代主旋律，对此石鲁不服气，以诗应道：“人骂我野我更野，搜尽平凡创奇迹；人责我怪我何怪，不屑为奴偏自裁；人为我乱不为乱，无法之法法更严；人笑我黑不太黑，黑到惊心动魂魄。野怪乱黑何足论，你有嘴舌我有心。”但那样的时代，石鲁无处讲理。

石鲁的画，哪怕一个小品都非常张扬，在中国画的评价体系中，叫没去火气。邱世华很理解石鲁，石鲁的画不应该这样去批，石鲁的火气和剑拔弩张就是他内心冲突的投射。石鲁生在那个时代，决定了他必须受难。他最后还是没有完成自己的使命，太可惜了。

80年代初，石鲁病重住院了。邱世华惦记这位前辈，经一个朋友帮忙安排，去看过石鲁。当时，石鲁政治上平反了，但在“文革”中已经被整到精神分裂，病得厉害，已不是正常人，有点疯癫，时常想着逃跑。没有什么亲朋好友在他身边，很惨。邱世华当时带了一个画夹子，有学生向前辈汇报的意思。那天，有人把他带到石鲁的病房。进去之后，人家就退出来了，剩下他和石鲁两个人。他想石鲁大概知道他是谁，就没有说什么话。石鲁躺在床上，他从床脚拿枕头垫起，让石鲁半坐着。邱世华打开自己的画夹子，给石鲁一张张翻看。石鲁看画很认真，为了不影响休息，邱世华不请他起来，只让他半坐着，自己一张张翻。看完了，他也没有问老师怎么样，石鲁只是点了点头，说了三个字“可以学”。邱世华从头到尾什么话都没有说，只鞠了个躬，就退出房间了。

1982 年，石鲁因为胃癌在陕西人民医院去世，在此之前，他的精神已经枯萎了。这大概也是一个精神压抑导致癌症的典型例子。

万法归一，生长出自己的东西

§

中国的艺术传统和西方不一样，把自然山水视为最高层次。邱世华的作品明显受大自然的影响。小时候，他和小伙伴一起出来玩，看到四川云雾缭绕，大自然的神奇变化对他触动很大。在创作的第一阶段，他曾想，能不能像《芥子园画谱》一样，把春夏秋冬抽象出灵魂来，变成标准画法。后来发现，这太难了，这是要有几百年的沉淀才能完成的工作。

他会借鉴西方的画法。传统的积墨法也给他带来很多灵感和启发。他的画法是集色，每一幅画都是几十遍画出来的。此前，他并未学过国画，当从印象派中走出时，他感悟到这一切都是相通的。印象派的原理是分色法，其实和国画中的皴、擦、点、染这些技法也有相通之处。于是他逐渐把这些东西全都糅在一起了，也就形成了自己的一套语言。

吸收了很多东西之后，要把一万变成一，叫归宗，一就是一万，最后连一也不要了，这个世界在你手中，你可以为所欲为。就像写文章，最后形成自己的语言方式了，怎么写都是你自己——你的观念，你的立场，你的态度，必须以一整套完整的语言重新建立。一切都是在变化之中，此时说是，彼时可能说非。在是与非、开启与未开启、有与无之间，一种蓄势待发的状态，吸收所有的能量来壮大自己。这样把所有的手法综合起来，形成他自己的画法，迄今为止，还无人能复制。

中国当代艺术的大藏家希克[1]和张颂仁[2]都藏有邱世华的多幅作品。有一次，张颂仁收藏的一张画作边上给磨坏了；希克是因家里开窗正对着湖，挂在墙面的一幅画受点潮气损坏了，他们找了师傅来修。欧洲补画专家很多，香港也不乏搞国画和油画修补的技师，只在坏的地方补上几笔即可。但修补师傅看邱世华的画，都傻了，没法儿动。他们琢磨不出来他的画是怎么画出来的，他的画上没有笔触，看上去什么都没有，但一动就不对。邱世华的每幅作品都是前前后后几十层才画成的，看上去很薄，颜料调得很淡，有时候又有很干的几笔，别人

[1] 乌里·希克（Uli Sigg），1946年生，瑞士人，中国2010年上海世博会瑞士馆总代表。改革开放后第一批来中国的外国人之一，第一家中外合资工业企业迅达（中国）电梯有限公司的联合创始人，1995年至1998年担任瑞士驻中国、朝鲜和蒙古大使，是目前中国当代艺术最大也是最具权威的收藏家，系统搜集了中国当代200位艺术家的近2000件代表作品。现任瑞士苏黎世荣格传媒集团董事会副主席、中国国家开发银行顾问委员会成员、纽约现代艺术博物馆（MOMA）国际理事会成员等职务。

[2] 张颂仁，香港汉雅轩画廊主人。

琢磨不明白，所以没法儿下笔修补。最后，希克和张颂仁还是找了邱世华本人来补。

这是让邱世华有些得意的地方。

参加全国美展只是坚持自己的兴趣，到国际舞台才真知道自己的价值

§

很长一段时间，中国大陆是没有艺术市场的，商品经济都被当作资本主义尾巴割了。大学毕业，邱世华分配到了铜川矿务局电影院，工作是画电影广告，他也挺认真地承担起了这份组织交给他的任务。有一次他画的电影《巴黎圣母院》的海报，华君武看到了，非常欣赏。海报还得过奖。他也画静物、人体，但这些作品没拿出来展过。

到了“文革”中，没有多少创作的自由，但邱世华

也可以做一些自己还想做的事情，在山川里寄托自己的兴趣。

1970 年、1971 年及 1975 年，邱世华多次去延安写生，被选中参加了那时的全国美展。那些参展画没带回来，是否还在已不得而知。有一张画的印刷版，我在收藏网站碰巧找到，买了下来。和那个时代的革命主题创作不同，邱世华画的是“革命圣地延安”，但画里面没有人物，借这个概念画了一个抒情的风景画。中国历代文化人推崇风景画，也有在变乱之际，借景遣怀之意。

之前他画画总是遇到很多困难，但在延安那段时间，他好像一下开了窍，画得很通畅。那个阶段，他都是晚上十二点以后才开始作画。因为家里房子很小，要等妻子、孩子都睡了，自己工作完了才能画画。家里只有一张床，四口人只能挤一挤。后来写毛主席语录宣传片，剩下有一个小桌子，经改造给儿子当床用。他先把儿子哄睡了再抱到大床上去，他画完画了要睡，又把儿子抱回来。他有时也直接画到天明，只稍微打个盹儿。他不愿意参加会议，到单位开会学习，从来都是睡觉。那时天天学习、开会，领导会教训他：“哎，邱世华，你在睡觉？”“没有！”从小学到大学到工作，他都是属于那种不太积极主动，甚至是被批评的人。

“文革”结束以后，社会氛围宽松了，但陕西铜川煤矿的电影院眼看着越来越不景气了。1984 年，他想到深圳去闯荡。那时的深圳还不算很开放，但可以接收外来人员。他一个人跑单帮。

当时的人胆子大，他拎了个木箱子，装了一些画去了深圳。身上没有带多少钱，老婆、孩子还留在西安，身上一套西服还是借的。深圳有个博雅画廊，在那里卖了几张画，价格低得可怜。

有一天，他听到一个消息，深圳一公司和国际合作建中华大厦（即现在的地王大厦），要作艺术展览，已经选了几位名画家，可外国人没看上。邱世华正经济困难，就上门去，说道：“我也不用介绍自己，你把我的画挂几幅让人家看，人家看了好自然就行，不行我滚蛋。”后来他拿了三幅画让他们送给法国人作礼品，结果，人家就特别喜欢。那是一家法国建筑设计公司，恰逢1986年巴黎的拉德芳斯有个中国艺术节，就把他的画放在展厅里。邀请邱世华时，法国的建筑设计师寄信给他："巴黎有全世界的艺术，就是还缺你的。"可由于签证办不下来，他没有去成巴黎。

1987年，法国人在布尔日市政厅和第戎给他各办了一个个展，那是邱世华第一次出国。从西安到深圳，从北方到南方，当时是改革开放初期，他感觉变化很大。到了香港，变化就更大了。再到巴黎，一下飞机，真像是乡巴佬进了城，看到那么宽阔的马路，那么繁华的街市，这种落差还是挺让人心里难过的，感到社会真的是要进步。他当时并不是很想出国，在国内混得虽然不怎么样，但也还好。当时出国实在太难了，他有一个想法，就是一定要对方邀请，要不然才不去呢。终于出国了，邱世华有些得意，那些天好几个翻译围着他转，他也没有明白他们的意思。

那次待在巴黎的三个月里，参观完巴黎的各种画廊、博物馆后，他看出了自信。邱世华曾跟我说，那次去巴黎他真正坚定了艺术的道路，自己在夜晚看见邱世华，在沙漠里看见邱世华。在任何地方，他画的都不是风景，而是他自己。他在法国比较了一圈，发现自己是可以的。于是他抖擞精神，想到这里面就缺自己的作品，面对高高的艺术的殿堂，自己是能登堂入室的，觉得真正走出了一条路。

如果你听邱世华评论别的艺术家，不了解的人会说他狂妄，甚至说这个人走火入魔了。但人的内心如果没有这种自信，是很难做出什么成就的。

狂者进取，狷者有所不为也

§

在八五新潮[1]之前，中国所谓的当代艺术，趋向苏化，就是一个模式，就是为政治作宣传。星星画会[2]的作品

[1] 八五新潮是由当时美研所的一些批评家命名的，这些批评家以美研所主办的《中国美术报》为阵地，在1985年到1989年的四年间，不断介绍欧美现代艺术，并在头版头条上介绍年轻一代的前卫艺术。严格地说，八五新潮并非一个艺术流派，主要是一场艺术运动。这个运动实际上也是1980年代精英文化运动的社会大潮的一个支流。

[2] 星星画会是20世纪70年代末出现在北京的一个艺术团体，以追求自由和自我表现的艺术、主张具有现代主义风格的实验性作品，以及具有特殊历史意义的活动与事件而著称。

在北京展览了一下，就引起了轰动，主要就是打破了既有模式。国内在那时的政治状况下形成了一个比较封闭的文化态度，包括艺术。星星画派一出来，显然不适合正常的这一套，原来是一个体系，这个画派很明显不一样了。艺术上的一个动向，实际上是从这儿开始的。邱世华觉得他们真的挺大胆、挺激烈的，方向性很不错。中国的当代艺术是从学习西方当代这儿开始的，但邱世华觉得很多在艺术风格上直接模仿西方流派的东西并不高明。

毕竟从冲破死气沉沉的旧有题材创作中看到了希望，他摸索着检查自己的道路，觉得自己的方向没有错。他的观念不是中国原来的体制内的，也不是体制外的，“不左也不右”，一直都是独立的。几拨中国当代艺术的时髦浪潮他都不在其中，他很清楚地与此划清界限。在邱世华眼里，他们就是“文化大革命”的延续，以“文

在 1979 年和 1980 年分别举办了两届画展，在当时就激起了巨大的社会反响，由此开辟了中国当代艺术的道路。

化大革命”的方式反对“文化大革命”。这些画家也是红卫兵出身的，呐喊，嚎叫，粗糙且表面，不追求事物的本质。

整个当代艺术，邱世华是见证者，从头到尾他在其中也不在其中，只是表面上参加过相关展览，若即若离，不进不退，也不排斥任何东西，很明白自己在做什么。在八五新潮前后，他开始思考“我要走哪一条路呢”？当时有很多人认为邱世华走的是死路，哪一个画风景的可以出来？在国际艺术市场上，风景画不是主流。邱世华不辩解，他觉得自己画的并不就是风景画那么简单。

从理念到观念，过去也称其为立场。态度决定立场，你站在哪个立场上，就属于哪个阶级。那时，资讯匮乏，但也不是一无所知，至少大学还是学过，对现当代艺术的情况至少是清楚的。随着时代的发展，他意识到，他走的的确是一条死路，就像过独木桥，能从狭窄的地方走过去，且得随时冒着生命的危险，在夹缝里面求得生存。谁都不要他，体制内不看他，体制外不理他。除此以外，更重要的是，他要走一条正道，要在一条极其狭窄的道路上摆脱一切。张颂仁很早就对邱世华说过："这条道路太难，看你的画就能读懂你，也就知道你走这条路太难。"实际上就是这么一回事，现当代艺术里面也有各种投机取巧，就跟互联网市场有各种时髦的概念一样，跟上时髦的概念就好融资，要走一条自己的道路是非常艰难的。

我曾跟一位评论界前辈讨论过，他说中国比较著名的大师，都是因为在圈子里比较活跃，特别是各美院的一大批老师，艺术观念可以通过学生传播。或者走官方途径，各级美协也是个圈子。民间也有圈子，有圈子才有势力。邱世华走的路，这条路越走越孤寂，越走人越少。不管他人认可与否，邱世华从来信心十足，没有怀疑过自己的追求。

这个问题始终是两面性的。一个宣传，一个不宣传；一个热闹、知名；一个冷清、不知名。宣传是宣传，不宣传也是宣传。越冷清可能越热闹，越热闹也可能越冷清。这些在他看来不是问题。

1992年《第一届中国油画年度展》[1]在香港展览时，张颂仁选了他的作品参展。1995年他参加的《后八九中国新艺术展》[2]在美国巡回展览，由此1996年的《第23届圣保罗双年展大会特别邀请展》[3]邀请他参展。那是18位艺术家的特展，包括毕加索[4]、蒙克[5]、安迪·沃

[1] 1991年11月15日至12月6日在北京中国历史博物馆和东方油画艺术厅展出。这是自1987年以来规模较大的全国性油画展览。展出的177幅作品(其中包括15幅获奖作品)是评委会从全国各地选送的4000余幅作品中评选出来的,反映了参展作者近年创作的新面貌。

[2] 后八九:中国新艺术，香港和悉尼，1993；北美巡展，1995～1997。

[3] 第23届巴西圣保罗国际艺术双年展于1996年10月5日至12月8日在巴西圣保罗双年展中心举行。

[4] 毕加索（1881—1973），西班牙画家、雕塑家。法国共产党党员，现代艺术的创始人，西方现代派绘画的主要代表。

[5] 爱德华·蒙克（EdvardMunch，1863—1944），挪威表现主义画家和版画复制匠，现代表现主义绘画先驱。

霍尔[1]、巴斯奎特[2]等。像蒙克，邱世华曾视其为大师，亦能跟他同台展览。这18人又进一步区分，如毕加索、蒙克等历史性大师作为一部分，丹麦艺术家、印度的卡普儿[3]是一部分，另外还有巴斯奎特等9位艺术家为当代部分（9位当代艺术家存世的只有四五人）。

波恩当代美术馆馆长荣特[4]跟希克提到邱世华时说："你大概不会喜欢他的画。"这刺激了希克，于是他到处找邱世华。可是，邱世华不在中国，那是1996年底，他还在德国，伯尔基金会邀请去创作半年。后来，

[1] 安迪·沃霍尔（Andy Warhol，1928—1987，港台地区译为安迪·沃荷），被誉为20世纪艺术界最有名的人物之一，是波普艺术的倡导者和领袖，也是对波普艺术影响最大的艺术家。

[2] 让·米歇尔·巴斯奎特（Jean-Michel Basquiat，1960—1988），美国涂鸦艺术家，新艺术的代表人物之一。

[3] 安尼施·卡普尔（Anish Kapoor），当代雕塑艺术家，一位获得极大国际声誉的艺术家。1954年出生于印度孟买。70年代初他到了伦敦，开始学习艺术，后来就在伦敦工作和生活。因为这样的经历，他的作品被视为是印度和西方精神的结合。

[4] 迪特·荣特（Dieter Ronte），波恩当代美术馆馆长，策展人。

希克带塞曼[1]夫妇到他深圳的家里看画。塞曼告诉希克："哎呀，还是简单一点好，不要担心别人看不见。"于是，在48届威尼斯双年展给了他一块位置。相当不简单，展厅里有一个主展厅，只有大师的作品才能放进去，每人一个单独空间，邱世华的四幅大画就在其中，空间很大。这些展览邱世华都没有主动参与，但策展人都非常认可他。

1999年巴塞尔美术馆[2]举办了邱世华个展，策展人皮特[3]到邱世华家看过他早期的作品。后来《巴塞尔美术馆一百周年展》也邀请了邱世华，展览大厅过去挂一些大师的作品，每年换一次。皮特后来将邱世华的一幅

[1] 哈拉尔德·塞曼（Harald Szeemann，1933—2005)，瑞士策展人、艺术家、艺术史家。

[2] 巴塞尔美术馆（Kunstmuseum Basel）是瑞士最大的美术馆之一，位于巴塞尔，收藏有一系列重要绘画作品，列在瑞士具有重大意义国家遗产名单之中。其历史可以追溯到1661年巴塞尔市买下并收藏于此的一系列小汉斯·霍尔拜因的画作，这使其成为瑞士最早的公立博物馆之一。

[3] 皮特（Peter Pakesch），奥地利当代美术馆馆长。

大画挂在那里，一挂就是三年，直到馆长调离才换下。2001 年的《向内的眼睛：当代艺术中的超越》[1] 邀请邱世华参加。休斯顿的这个展览非常重要，参加的李希特、卡普尔等全是世界一流艺术家，但以美国的艺术家为主。邱世华后来和卡普尔再见过两面。当时策展人请邱世华一家人去，偏偏他没去。

邱世华在国际上有不少知音，凡是出去参展的作品反响都非常好。

[1] 《内向的眼睛：当代艺术中的超越》，2001 年，休斯顿当代美术馆，美国。

以行为进入禅修

§

张颂仁有个教他武功的师傅，功夫颇高，曾在香港的博览会上看到邱世华的画，自言自语道："这只有在禅定状态下才能画出来。"张颂仁跟邱世华说："我师傅是不懂画的啊，他评价你别介意啊。"邱世华当时就是听听而已，后来感觉张颂仁的师傅是真懂画。

邱世华的创作和生活都很有一种修行的味道，他所体会的禅就是高度的寂静，内不乱，外无象，内无动，静到极处。所谓知行合一，很多人都是先读了书，有了知再行。他不是读书读进去很多理论，也不是一开始就能合一，而是先行了，后来才慢慢地知。他常提起自己当年为母亲操作纺织机的事情，进入那种心手合一的状态何尝不是一种修行。

老子说混沌是道。天地对应的人的来源之处不清楚，正是本来面目。在本心找，达到高度临界的状态，什么都放下，连自己都忘却了，本心自然就出来了。他早期画画，有时一下子状态就出来了，一瞬间就没了，有的时候却不知道怎么画，乱涂。后来懂得怎么进入禅修，就是看，把内看转化为没有内外的差别，不知不觉进入禅定。张颂仁的师傅看他的画就出自禅定的状态。要随时随地进入禅修状态不容易，无为法怎么做到？就是忘我，什么都忘掉，修炼必须心定，心无旁骛。

有一个描述叫“进入自由王国”，到画画时可以为所欲为，肆无忌惮、随意涂抹地进入到自由王国的状态中。自由王国是看山不是山，然后再到看山是山，最后又回到原有状态。另外，不是抵达，而是不断地往返、螺旋式上升，这才符合道的原理，是无限。他的画面在虚薄虚色的中间来回动荡，是不确定中的一个确定。

很多人都觉得邱世华画的是风景，但他自己常说，你爱说啥就是啥，我画的就是我自己。

他从大学到现在基本上是一条路走下来。这条路过去是加法，后来是减法，但他还在这条路上。过去是有为，现在是无为；过去是有思想，现在是没思想。没有思想的思想，是斟酌。知行行知，本来是没有先后，而是互为的，而他基本上是先行后知，后知后觉，在那个道路上已经走了很远了。比如有次他心绪不佳，十二点多去敲同学的门聊天。抽了一大堆的廉价香烟，然后走回去，走到街上突然一震：噢，这才是我，不是聊天解决得了的。他在寂静、黑暗、不见光明的夜晚发现了这才是道，是庄子，是那个世界让他惊醒，此时此刻才是“我”。还有70年代时采风，邱世华到戈壁滩，同伴都在前面，他在后面走。在那孤独、辽阔的场景里，他的感受也很强烈，作品是风景画，其实画的都是他自己。

还有一次到陕北画黄河。他要早点起来在鱼肚白出来之前看到黄河，看不清路，恐慌，走到山上天还没亮。他觉得蹊跷，一到山顶发现了人间仙境，周围山树包起来像个盆，黄河像一个锅，里面的水快开还没开，冒着烟。那时画不出来，因为看不很清又变化很快。有的是构思、是内心的体验。到中午他选择画壶口，同伴就跟他讲水势凶猛、危险等等，过去后他发现挺过瘾，水不大不小，感觉也跟他们描述的不一样。他虽然胆小、畏高，却精神抖擞、不感恐怖，还自拍，画了画，画得不是那么张牙舞爪。继续走到陕北的吴堡，发现夕阳西下的时候，太阳特别红，照到河岸，残阳如血就是这个意思吧。同样是黑乎乎的河水，非常平静，有几个拉纤的和一条船。一直以来，画画的画画写歌的写歌，都说黄河是母亲、摇篮等等，在邱世华看来伟大都不存在，就跟陕北农民一样，极其老土、平淡，根本谈不上汹涌澎湃。不是表面的汹涌澎湃而是内在的无比力量，这才是黄河。

真正的禅修，不是去专门禅修，是你在自己的生活中明心见性，见到了自己。

所见即心

§

邱世华曾经送过一幅小画给一位朋友，这个朋友平时很忙，总是说他看不到画面有什么东西，怎么也看不到。有一天家里来了打扫卫生的女清洁工，朋友指着墙上的这幅画问她：“这幅画你看得到什么东西吗？”她看着回答说：“是树林，清清楚楚的。”邱世华感慨，你心里有多纯净，你看见的世界就有多纯净。

看画与看事物一样，是有多种角度的。走马观花是粗略观看，可能在无意中看到一些东西，这样有时能传达出真实的内心，观者是不知道的。无心的观看渗透出来的是有心，只是人没有觉察而已，这就是无为的观察，自然进入了无为的状态。若想着要进入无为的状态，是进不去的。

他的作品会诱导人无意识地进入画中，改变人们的视觉习惯。乍一看，是一块白布，好像什么都没有，好像又不是白布，是与非、有与无，是人无意识的状态。看到一定程度能感觉到气在运行，虽然不是触觉，但能产生视觉效应，这就开始吸引观者走进去。这个过程很缓慢很贴切，是观者的心在运行，不是画也不是气在运行。慢慢地，感觉越来越清晰、明确，越看越深入，甚至一草一木都很清楚，但又会离开，好像万物还在生长。与中国文化的气质一致，迂回、往返、缠绵，亲切又高贵。众妙都在其间，对人生、对宇宙的看法全在其中。瞬间会让人安静下来，越看越安静，越来越接近。

虚室生白烟，看进去后会不断发亮，越看越亮，甚至耀眼。越进入画面内心越松弛，消散、松散，让人瞬间放松，其他的东西都忘了，但观者不能全部觉察。有一种讲不清楚的愉悦，叫作法喜。心跟着物象的浮现，不是你看它，是它来找你；又如海市蜃楼，时隐时现、不弃不离，似曾相识但又好像从没见过，似遥远又似就在当下，这是平淡的神秘，心灵像受到冲洗一样清爽。观者看到了自己的本心，你看到的有多干净，你的内心就有多干净，你是跟随你的心在画内漫游。

其中有一点，看透以后容易失落，所有皆是虚妄，最后是致虚极，守静笃。含而不露，了然于心，虚静淡泊，宁静致远。致虚极，到了极点；守静笃，静到了极点。看，清净、澄怀、了然，其微妙处不可思议，如醍醐灌顶、甘露降临，喜悦、悲哀、期待都在其中。

虚就是禅定，薄就是关键

§

之前看到一篇文章，某国收藏大家把中国的佛像跟米开朗基罗[1]的雕塑比较，中国的佛像代表中国文化，中国佛像刻入精髓。站在他们的角度来看，大同佛像真的很高级。邱世华早就看到，不只是看到，他在学这个，想自己的画要像大同佛像那样。他在大同云冈佛像中看

[1] 米开朗基罗·博那罗蒂（Michelangelo di Lodovico Buonarroti Simoni，1475—1564），意大利文艺复兴时期伟大的绘画家、雕塑家、建筑师和诗人，文艺复兴时期雕塑艺术最高峰的代表。与拉斐尔和达·芬奇并称为文艺复兴后三杰。

到了空，即佛的慈悲，眼中既有众生，又什么都没有。

邱世华甚至认为，相比云冈大佛，西方的蒙娜丽莎都还要浅一层，是表象的表情，人的状态所有表情的待发。所以杜尚给她画个“丿”字胡，就像一个奸商，哪来的微笑？她所有表情处于一个静止状态，说是什么都可以。蒙娜丽莎表现的是现实人的情绪，佛像是修炼到了禅定状态的心境，由表及里，已经到了形而上了。实际上，形而上与形而下没有区分，没有好与坏的问题，是内心把世界看空了的状态，内观达到禅定的状态才会这样。雕塑家修炼得很高达到禅定才做得出来。罗斯科属于宗教性质，也是心里面把它看绝了，他之所以自杀是因为走入了绝境。他很伟大，但按佛教说法，这是走火入魔了。他用死来说明生，用生来选择死，而佛里面没有生死，只有了断生死，无生无死。

杜尚[1]也学东方文化，是非常有成就的艺术家。但

[1] 马塞尔·杜尚，全名亨利·罗贝尔·马塞尔·迪尚（Henri-Robert-Marcel Duchamp，1887—1968），法国艺术家，20世纪实验艺术的先锋，被誉为“现代艺术的守护神”，对于第

在邱世华看来，他还没有摆脱二元论，看问题掰掉了一边。卡普尔有佛教的东西，是印度教的精神，也和西方有所结合。卡普尔不简单，把西方人征服了。文艺复兴三杰里面，人家说最差的拉斐尔[1]，其实也不得了，他的“西斯廷圣母”可以跟达·芬奇[2]的作品媲美。三杰都达到了禅修的境界，达·芬奇是最重要的。西方现实主义也不可小觑，提香的女人体所蕴含的美都表现出来

二次世界大战前的西方艺术有着重要的影响，是达达主义及超现实主义的代表人物和创始人之一。

[1] 拉斐尔·桑西（Raffaello Santi，1483—1520），全名 Raffaello Sanzio da Urbino，意大利著名画家，也是“文艺复兴后三杰”中最年轻的一位，代表了文艺复兴时期艺术家从事理想美的事业所能达到的巅峰。

[2] 列奥纳多·迪·皮耶罗·达·芬奇（意大利文原名：Leonardo di ser Piero da Vinci，1452—1519），意大利艺术家、天文学家、发明家、建筑工程师。他还擅长雕刻、音乐、发明、建筑，通晓数学、生理、物理、天文、地质等学科，既多才多艺，又勤奋多产，保存下来的手稿大约有6000页。现代学者称他为“文艺复兴时期最完美的代表”，是人类历史上绝无仅有的全才。他最大的成就是绘画，他的杰作《蒙娜丽莎》《最后的晚餐》《岩间圣母》等作品，体现了他精湛的艺术造诣。

了，像陶瓷散发出来的气味，达到了绝顶的地步。

谈到宋代艺术，邱世华很喜欢宋朝的雕塑，如果不了解宋代的色质色彩，他怎么画得出这些？宋代的瓷色是现代达不到的，是超现代的当代艺术，完全纳入抽象范围。没有悲哀和喜悦，不悲不喜，无生无死。许多人最大的问题是拜倒在别人脚下，吸收古代的文化没有超越。有些批评家大言不惭地说，中国没有抽象。展子虔[1]的《游春图》就是抽象画，绝对的抽象。西方借鉴中国的哲学后走偏了，才出来了抽象绘画。认识透了，有差别也无差别。宋瓷的单色、京剧的策马扬鞭、川戏《秋江》的舞蹈动作，都是抽象。怀素[2]的书法是神来之笔，

[1] 展子虔（约 545 — 618），隋代绘画大师，渤海（今山东惠民）人。历经东魏、北齐、北周、隋朝，到隋代为隋文帝所召，任朝散大夫、帐内都督等职。他是唯一有画迹可考的隋代著名画家，在中国绘画史上占据着重要位置，被称为“唐画之祖”。传世作品《游春图》是中国山水画中独具风格的画体，亦是中国存世最古老的山水画。

[2] 怀素（737—799，一说 725—785），字藏真，俗姓钱，永州零陵（今湖南零陵）人，唐代书法家，以狂草名世，史称“草圣”。自幼出家为僧，经禅之暇，爱好书法。与张旭齐名，

要灵魂出来说话，不光是意境，而是地地道道的抽象。中西文化应该互相借鉴，可以学别人，但绝不可自卑。

邱世华最喜欢的就是宋代的艺术，宋代不好绝对讲就是艺术的最高峰，但他认为宋代的东西在审美上是最好的。宋代的东西确实越体会越是觉得好，几乎所有的东西给人的感觉都是一种气场，有一种很强烈的吸引力，难以甩开，让人感觉到内心的力量的引导。

在邱世华的创作中，我们会看到偶尔似沙漠，偶尔像是云海，在画中才看出来这样的途径。一个存在于有无之间，是既没在没有，也没在有，在某种情况下，可能有各种情况产生的境界。有一点是，他可以完整地画出来，在画的时候，可能有变化；另外，看似有，他的思想意识中不确定是否有，那是思维在起作用，是动荡的。此时不是看见，就是没看见，越想看见就越看不见。和他的画是一个道理，越想看见就越看不见，越想去追，

合称“颠张狂素”。传世书法作品有《自叙帖》《苦笋帖》《圣母帖》《论书帖》《小草千字文》诸帖。

越追不上、赶不上。有时候是思维，尽管我们说不要思维，但思维有时是人在无法思维时自然产生的，这近乎于冥想的状态。图像也是从这里产生出来的，本就在混沌之中。所谓天体混沌，说是远古，万物生成，人类尚未存在。现在也是，万物与人类同在，不光是在内心，它是整个一个道体。人在这个道体里面，是不明白、不理解的。这样才会理解我们为什么说邱世华在这个状态之中。

夏可君[1]博士所讲的虚薄，对邱世华而言，就是从道里来。从哲学的角度来看就是修炼。为什么说空即是色、色即是空，二者不一不异？空不异色、色不异空是佛经核心的核心，这里指的空色一体，是一个东西，没有分别。开始说不异，没有差别，其实并不是没有差别，差别明显有，只是是一体的没有分开。修炼时不分辨，色空不存在，是一体的，才能够进入。色，从空中生，是空中泛化出来的。画出来的颜色，透过这个雾像才

[1] 夏可君（1969—），哲学博士，北京上苑艺术馆艺术委员会常务委员。曾留学于德国弗莱堡大学和法国斯特拉斯堡大学，现任教于中国人民大学文学院。

能窥探到空。

邱世华现在的修道境界，已经可以收放自如了，要达到不容易。修行是分秒之间的调整，抵达这种境界才能恍然大悟。他的作品越向里面靠拢，越是什么也没有，但又要让人看见。这需要把一个非常复杂的东西做到极其简单，极其简单而又无限复杂、深入，然后再极简呈现。

他的画面到底是什么颜色？是和光之色，和光产生的一个颜色。光分开是七色，原色的光是三色——红、黄、蓝，光色是均等的，集合起来就是白色或称为无色。无色含有色，所有的颜色都在里面。光、尘埃、空气等等，和光同尘产生的一个颜色就是和光之色。它相对照到中国，相对照到自然，是大地中的土，即陶瓷烧制出的颜色。中国历史上的秘色瓷是非常高级的，极其自然的颜色，是天地中的东西，也是人世间的东西。抛到文化中，到了这个高度才能够品味到这个颜色的高贵，那样朴素，那样高贵典雅。从米白到栗黄、谷黄、豆青、天青，到翠绿，所有的这些颜色在一个中间阶段的相互渗透，提炼地说是米色，一个米字。中国古代文化很深，颜色本身就是一个谜。

他的画接近元代，特别是宋代山水无我的精神气，宋代山水表达气象、气质、灵魂、品味，综合起来就是涵盖。气随着蕴化、演变，聚则成形。无欲以观其妙，怎么看都行，物很玄妙，如烟、如雾、如气、如光，要观其妙就是观其要害、开关。他作品中的气在走动，是一种蕴化过程。画面能而控之、盖而涵之，所有品味在其中。在其内也在其外，无处不在。道可道，是借《道德经》来解释，可道是阴阳分开后进入了太极状态，可以表达、言说、演示，规律能反映出来。名可名，非常名。未分辨之前是不可名，是太极分辨以后才有名、才可以安。原来在混沌状态的时候，无名可名，所以他的画是无题的，是不可名状的。

越想忘掉越忘不掉的愤怒

——回到 2005 年的困境

§

你理解了邱世华艺术追求的逻辑，就会明白他在艺术史上的价值，但这层道理难对人言。

回到 2005 年那件事，最后公安机关给邱世华的答复是：公安机关综合各方面的意见和国情，并考虑到肇事者本人的赔偿能力，对他进行了经济处罚，200 元。

其实，邱世华本质上也是个感情很强烈，很较劲、很认真的人。如果他没有这种较劲和认真，他就不会有艺术上的成就了。那时他还没有沉浸在道之中，他也不是邱神仙，有时明明知道不对，但没有办法控制。明明知道要放下很多，但就是放不下；越说要忘记，越是忘记不了。什么坏人要给我的作品泼墨呢？我呕心沥血的作品，国际上都是有拍卖价的，怎么才给 200 块呢？

为什么？想来应该不是自己的问题，肯定是有目的性的。这么多展览，还有好多其他画，偏偏要破坏我的作品？没有理由。辛辛苦苦地创作也不容易，到底为什么？世界上所有的事情应该都是有目的性的，他到现在也不清楚那个人为什么会毁坏他的作品，那个人也不会对他的作品产生这么大的兴趣。

他越要忘记，就越清晰，这是相悖反的。

这也是给年轻人一个警示。像我的脾气，人家这样说我，我肯定要跟人解释和讲清楚的，到底是怎么回事儿。可你越去辩解，会陷得越深。为什么要这样子？这是有谋划的行为，后面有强大的力量在支撑这件事情，还是有设计好的套在等人钻？要去追究，要对簿公堂，三转两不转，就把人绕进去了。如果梵·高遇到这种事情呢？也许他一激动会把自己的耳朵割下来送给上海美术馆。

邱世华开始沉默，不发一言，后来就没有再过问这个事件，但他内心总希望，活动主办方或者上海美术馆哪怕出于良心，给他一个说得过去的交代。

事情拖到 2005 年底，依然没有明确的交代，邱世华一想到此事还是郁郁不得解，有时候他一连好几天晚上无法入睡。

他本是持忘记思想的，忘记思想中所不该有的东西。但为什么还是会产生这么大的反应？比如生气，这件事确实非常折磨人，他试过打坐都不行，反而更加无法解除烦恼。所以就导致心不安，一起心动念就麻烦了。一动念，就要进入到烦恼中，就动心了，动心的人要进入到烦恼中必然会动怒。这件事情也并不是多严重，但对他的心情，引起了很大的效应。

渐渐地，就在身体上见症状了，开始有些恶心呕吐的情况，后来喉咙上方总是有堵塞的感觉，很不舒服，越来越疼痛。

2006 年初，夫人陪他到深圳第一医院作了活检检查，后来又在广东省肿瘤医院确诊出了淋巴癌。

作内镜检查时，能看见喉咙处有一个小灯笼模样的东西堵在那里，医生说很严重。可能每个人身上都有癌细胞。他年轻的时候，脖子上方处就有轻微不适感，可没有重视过，或许是先天就有的病灶，受了外界刺激引发出来了。或许饮食上热了凉了，也会诱发疾病，诱发出一系列连锁反应。还有可能，情绪因素更为重要，就陷入到这种连锁反应中了。

邱世华本来有调整自己状态的方法，平日有对道教和佛教的修学，对事物比较持平淡心态，加上自我意识，只要稍作调整就可以处理好自己的情绪。

他从来不相信癌症，就算诊断出来也不相信。医生安排要先化疗再做手术。邱世华不肯做手术，但拗不过家人的劝就做了化疗。他的身体很敏感，对化疗反应很大。化疗第一次他就要回家，但不被允许，第二次他还是要回家。又恰逢化疗不能做，也必须回去。化疗也没治好肿瘤，反倒引出了肝的问题，肝更痛了，所以只能先休养好，再继续化疗。

进入空，先把自己忘掉，才能把烦恼忘掉

§

干脆回家，倒想开了，把生死置之度外，到时候想逃逃不掉，不到时候是不会走的。

当然，病发作起来，疼痛是真的，有一定的刺激。肿瘤在右侧脖子上方与下巴交接处，越来越大，导致头动不了。那时候他痛苦得每天都不能睡觉，浑身不舒服，靠也不行，躺也不行，坐久了也不行。痛是痛，他却认为与自己没关系，所以就不存在。他想癌症真的不存在，也不用在意，虽然时不时会痛。

这期间不能画画，医生让他休养，休养也很痛苦。后来在不是特别疼痛的间歇，他就开始画画了，而画画的时候就忘了疼了，不疼的时间越来越长，慢慢地真的不疼了，慢慢地感觉真的过去了，肿瘤在不断缩小。

有一天他突然想，可以去医院检查一下目前的状况，于是问夫人：要不要去验血？夫人说，既然不去治疗，验血有什么用？不要去了，什么都别管了。他夫人的心态有时比他还淡然。或许，有病没病也是自己心血来潮，意念的确起了很重要的作用。最后还是要靠自己修行，自己调整，打针吃药没能治愈，自己调整反而好了。

病情明显转好后，邱世华与夫人于 2007 年来到北京生活、创作。2009 年的一天，邱世华在画室工作时，头不小心碰到东西，被撞得一低头，突然从口中吐出来一个疙瘩，一颗李子大小的灰杂色半软半硬物体。这个物体可能不完全是肿瘤，还有对抗它包裹它的物质，之前医院作内镜检查的时候肿瘤就已经死了。自此以后，邱老的身体变得舒适，病彻底好了。

生病的人往往容易产生负面的意念，自然容易消减身体能量。积极、平和的意念更能帮助病情恢复。不管佛家、道家，都提出解决心的问题才是关键，也就是把心放平和了，自己的身体机能就能调度，就可以去解决问题。不要想那么多，顺其自然。其实，人本身与天体是一致的，是直接相关的，人是与天体对应的一个小的天体，人身体内的结构与天体完全一致。生命全在一呼一吸之间，这一呼一吸，不单纯连着呼吸道，而是与全身直接关联的。

还有一个就是忘。什么叫忘？就是放下、淡泊、虚静，甚至这件事情根本没有发生，不存在忘的问题。邱世华原来明明脖子肿得很大，不能动，痛得彻夜难眠，但他从来就没有把它当作一个病，就当它不存在，心里面不承认就没有这件事情。当然更谈不上克服癌症，只是尽量忘掉这件事，认定此事不重要、不存在。如此判断来源于人对生死问题存在与否的看法。

忘我状态，或许有点像抽大麻以后的感觉，所以当没有办法创作下去时，就有吸大烟的，抽大麻的，喝醉酒的，这种情况古来有之。只有自己模糊了，把自己人性的表相给去掉了，把自己给麻醉了，进入到那个忘我状态。他是忘怀了，当这个东西不存在了。他早已明白，就无需放在心上，生与死都不存在。在很早以前他就已经了断生死，他把生死看透彻了。忘我的状态就像现在他打坐，打开眼睛看见的就是画。有一个阶段，他知道如何进入这个状态，虽然有时会忘记，但还是很快就能进入状态之中。他画画时，旁边不能有人，也是这个缘故。

据说修炼的人，如果修炼的元神不定，即在闭关时，要有人护关。一开始是老师护着，万一给人一打扰，他就走火入魔了。原因是他没到那个境界。于邱世华而言，最重要的是避开了这种修行。以前他也打坐，打坐实际上是经过观看、向内观看达到禅定的状态。现实的“我”不存在，进入到禅定的状态，那个定的状态就有危险。危险是什么？进入到那个定的状态，就出不来了，人在里面非常舒服，甚至可以坐着不动。曾经有过这样的故事，多少年后某人回来了，回到这个本体、房子里面，发现这人只是一个躯壳而已。

一旦闭关就会进入到那个状态，就是脱开躯壳了。

所以要有护法，这个层次很高。他基本上只做了一个心法，做心法主要是作画，就是视觉本身在观，没有内外观的差别。犹如内观一样，在动中有静，也不落于两边，一直悬浮着，能产生智慧。犹如读了很多书，吸取了书中很深邃的东西。这天书犹如写文章，比叙述出来还要深入才能做到，比如达·芬奇、释迦摩尼，他们要到达那个状态，就是禅状空灵才行，心空了，画里也像个灵魂一样空了。

一呼一吸就是道，所谓修炼就在一呼一吸之间，艺术也是在一呼一吸之间。最后他就用画画来调整自己的心境。一画画就把这些烦心事都忘记了，所有的烦恼也就不存在了，放下一切，放松自己。

把画画变成一个方法、过程，为画画而画画，就像和尚、道士做的功课。他借此做功课，和打坐、读经、修佛是完全一致的。以前邱世华打坐时知道自己是在“打坐”，是修行，是有为的。之后，他越来越明白了绘画的过程，忘记了修行，才是真正的修行，此乃无为。

甚至观画也是修炼。看他画的人，只要看进去了，就是进入了修行，能看到作品里的空，就在把自己放空，哪怕观者自己都没有意识到。

不要去想怎么战胜癌症，先要战胜烦恼。不要去想如何忘掉烦恼，先把自己忘掉，感到自己渺小到不存在，就把烦恼也忘掉了，进入空的状态，那种“认真憋屈癌”也就告别了。

邱世华画语

§

我的风景不是画空了，是我空了。

看我的画不用盯着看，你盯着看什么都看不到，你不盯着看，它就出来。这就叫以神遇而不以目视。

一阳初动处，万物未生时。

传统中国艺术讲笔、墨，讲苍、润，这些跟精神都是相通的，跟莫奈、李希特他们追求的东西也是相通的。

诗从放屁起，画从符画来。

那些跟在别人沟子[1]后面的人都是没有前途的。

魔佛本是一个东西，一念之差就是魔，一念之差就是佛，成魔成佛的人都是绝顶的。

道可道，非常道，只有安心画画才觉得平静。

艺术一旦达到一定高度，就无所谓中西土洋了。

你有多清净，你看我的画就有多清净；你有多高贵，你看我的画就有多高贵。

红不见得是件好事，红透了，也就到头了。

专门去打坐修行不是真的修行，让你的生活成为修行才是修行。

[1] 陕西方言，屁股的意思。

§

很小的时候，我便能够通背《道德经》，但一直到博士、博士后也完全没有什么感觉和体悟。那些话语却刻在我脑海里，似乎也无法辩驳，说不出错在哪里，但和我的心性是不能应和的。

最近两年来，我思考的一些问题渐渐串联到了一起，才发现中国的国家形象符号——熊猫，其实活生生地代表了隐士的生存哲学。为什么中国人刘慈欣能写出让国际上耳目一新的科幻小说《三体》，其实他的宇宙社会学的观念基础就是老子“天地不仁”的宇宙观。走近邱世华的人生和艺术脉络，了解了以他为代表的清虚静寂的“虚薄艺术”，就是绝圣弃智后复归于朴的无为又有为的视觉表达。

当把这三个案例联系在一起时，所有老庄讲的话，每一句都在我内心激起理解的共鸣。至今，基于人群和社会的养成，我对那种对人性都悲观的态度在情感上还很不能接受，但在智性上我不得不承认，老庄哲学是一整套高级的、严密的、精致的思想体系。它不仅具有东方性，也具有和世界对话的普世性；它不仅是历史遗产，也有当下性，并指向未来。

下篇

熊猫、《三体》和虚薄艺术——老庄思想的当代活化

吉人辞寡，躁人辞多

§

我从小接受儒家的教育，追求入世有担当，我心目中的英雄是精忠报国的岳飞，是知其不可为而为之的文天祥。在智慧方面，我敬佩的是《金刚经》那样的清晰透彻，玄奘那样的雄辩无碍。我最受不了的就是道家思想那种“道可道，非常道”，玄而又玄的理论。相对德先生、赛先生这种清晰的追求而言，老子、庄子说的话完全是模棱两可不知所云的。

2015 年，我认识了邱世华，他对我 30 多年形成的思想观念构成了挑战，也使我反思自己和重新认识中国的文化，去理解至少一种有深厚哲学根基的人生选择。

邱世华 70 多岁了，是一位有国际声望的艺术家，跟他合作的都是国际一流的收藏家和艺术机构，但他很真实地过着几近隐居的生活。他的画开始看不明白，画布上白茫茫的一片，但静观又有很多的层次，以视觉艺术表达了有无之间的虚空，被夏可君博士称作“虚薄艺术”。

艺术家大多数爱抱团，像宋庄的艺术家整天串门、喝酒、打牌，而邱世华在北京的一个艺术区住了很多年，邻居都不知道他，真是小国寡民，老死不相往来。德国柏林汉堡火车站当代艺术馆 2012 年给他办个展，那是在当代艺术领域非常著名的美术馆， 是展览博伊斯这种德国国宝级大师作品的地方，按理说这样的荣誉应该回国好好宣传一下，而他完全没作任何介绍。还有 2013 年的瑞士圣莫里茨艺术大师展，主办方给他买全家的机票请他去参加开幕式，正常的艺术家有这种机会都会很高兴，去一趟再回国好好宣传宣传，而他居然干脆谢绝不去。我后来问他这么好的机会为什么不去，他说：“天太冷了，我又不会英语，去了不知道干什么。”

当然，他也不是绝对谢绝所有展览，2013 年纽约大都会艺术博物馆的“水墨艺术” 展，他参加了，北京有的展览他也参加。可我认识的不止一位遇到过他的人都对邱世华印象很深刻，说这个老头好奇怪，也不怎么说话，偶尔他说出几句话来——“有就是没有，没有就是有”，“不是又是，是又不是”——都让人摸不着头脑。人家听不懂，还很好奇，到底是是还是不是？到底是有还是没有？他也不多解释。

你说他老人家是个很谦退的人吧，也不是，至少不是寻常人们印象中的那种谦退。比如有一次我和他私下谈起一个非常受人尊敬的当代艺术家，他说那位前辈也就是马马虎虎，格局不大。我一下子都接受不了这么狂的说法，但你听他讲上几句，又能体会他有他这么说的道理。邱世华眼光很高，不是随便说说的。邱世华也不是一个完全不讲世故的人，他跟我讲话涉及到一些名人。他事后会跟我说，你别出去跟别人说啊。

钉在十字架上，还是得自在
——艺术家面对冷酷世界的态度

§

邱世华是一个奇特的艺术家，他的作品真是“恍兮惚兮，其中有象”，很有神秘感，很高级，但阳春白雪和者必寡，就意味着不容易被人理解。一个艺术家的伟大往往是他把自己的血肉之躯献祭给缪斯，艺术界又是一个很势利的名利场，这是很残酷的。那些历史上伟大的艺术家往往都有孤绝的意志。

这种孤绝的意志使他们在艺术道路上愈挫愈奋，愈不被理解，愈要顽强地证明自己，但也往往埋下悲剧的种子，西方的艺术史上，很多大师都是自杀的。

梵·高就不用说了，一辈子不被学院派承认，孤愤至极把自己逼疯了，割了自己的耳朵又吞枪自杀。

高更本来是个金融界骄子，相对于艺术爱好者是比较理性的，本来生活得不错，走上职业艺术道路以后，越来越窘迫。他还不服，在 1893 年踌躇满志回巴黎举办了他的《塔希提人》(Tahiti) 画展，结果彻底失败。在物质上收入是零，评论界和收藏界不买账。他精神受到刺激，自杀，好在未遂，后来愤懑极了，创作了传世之作《我们从哪里来？我们是谁？我们往哪里去？》。

马克·罗斯科[1]，这个当代艺术的骄子，现在一幅作品都值几千万美金的天价。1955 年罗斯科在工作室对拜访者不无愤慨地倾诉："我可以在一百个地方展出

[1] 美国抽象派画家马克·罗斯科（Mark Rothko，1903—1970），生于俄罗斯，10 岁时移居美国，曾在纽约艺术学生联合学院学习，师从于马克斯·韦伯。他最初的艺术是现实主义的，后尝试过表现主义、超现实主义的方法。随后，他逐渐抛弃具体的形式，于 20 世纪 40 年代末形成了自己完全抽象的色域绘画风格。

我的画。可是我一点钱也赚不到；我可以演讲，可他们不付演讲费用。有人写我，我的作品在各地展出，一年连1300元都赚不到。”晚年经济稍有改善，但并没有给他带来幸福。1970年，他用剃刀割腕，以自杀方式结束了自己的生命。

那些天才的艺术家就要不断刺激自己以寻求灵感。天才的涂鸦画家巴斯奎特是吸毒过量死的，波洛克是酗酒飙车死的。

伟大的艺术家似乎多有悲剧的宿命，不把自己钉在十字架上，作品不足以感人。

这些艺术家的伟大是和其悲剧性人格联系在一起的，但邱世华面对同样的逆境，却有一条完全不同的人生选择。如前所述，事情还得从2004上海双年展说起。11月24日中午，双年展进入“收官”阶段，一个中年男性观众走到参展的邱世华油画作品前，突然从怀里掏出一罐油漆朝画上乱喷一气，画布上立即留下一条条深灰色的印痕。邱世华的作品共有四幅，总标题为《风景》。与邱世华以往很多作品一样，画布上很多人看不到什么

“风景”，就是浅灰色的一块布，但这背后是邱世华一以贯之的有无相生的哲学。所谓“一阳初动处，万物未生时”。他的这几幅力作受损，自然使人痛心。不知那人是神经病还具别有用心的策划。

但后面发展的逻辑就让人哭笑不得。有关方面按照《中华人民共和国治安管理条例》和修订后的《上海市特种行业和公共场所治安管理条例》要对肇事者进行处理，事先要确定受污损作品的商品价值。上海物价局价格认证中心承担着为司法机关提供涉案物品评估的职能，他们请了三个专家。画廊的报价是“数十万港元”，但上海当地专家的鉴定却让人吐血。

当时新闻是这么报道的——

一画家认为：“作品的价值最终由画家的劳动来决定，这个劳动包括他的思想深度、想象力、表现技巧等。从这组作品看，我实在看不出画家的劳动在哪里。一个木框，绷上画布，用白色颜料抄了抄底，标了一个似是而非的题目，你说这里有多少劳动、有多少思想？所以要认定它的价值，只能算材料费。”他给出的价格是 5000 元以下。

另一专家认为："近二十年来，上海的拍卖行也没拍过此类当代艺术品，即使哪家拍卖行受理了，想必也不会有人举牌，除非有幕后交易。同样一件当代艺术品在沪港两地画廊，市场价格也会有天壤之别。再说这幅作品只是在香港画廊里的标价，而不是最后成交价，案发在上海，我就只能按照上海的行情估价。现在它受了污损，只值 2000 元。"

还有一位著名油画家给出的结论更具戏剧性：1000 元。他的理由是：这种以某种观念来哗众取宠的所谓先锋派作品，对处于发展初级阶段的中国当代艺术本身也是一种误导和伤害。"他没画什么，只能根据耗用的材料来评估，而喷了油漆后，我反倒认为价值上升了，值 10000 元。"

后来，上海公安机关综合各方面的意见和国情，并考虑到肇事者本人的赔偿能力，对他进行了经济处罚：200 元。

面对这种无端受辱，吐血都无处讲理的结局，从始至终听不到邱世华的辩解。老先生自己跟我说，当年解释了也没用。但我想如果是梵·高、波洛克，他们会怎么样？我估计他们会和肇事者及幕后的主使拼命，来个鱼死网破。

邱世华也不是邱神仙，他其实是一个很有自尊心的人，也曾经越想越想不开，越想忘掉越忘不掉，打坐都克服不了，彻夜难眠，终于在2006年诊断出了淋巴癌。夫人硬是把他拉到医院化疗，但他反应非常强烈，痛不欲生。后来他坚持回家，不治了，回到家里，就是画画，越想忘越忘不掉．而只要画画，他就真的物我两忘了。再后来他把癌症也忘掉了，忘掉就真没有了。他夫人说，咱们去复查复查吧。他连复查都不去，他说复查没用，只要一直画画就好了。

这种状态在历史上有过。台北故宫博物院藏的《辋川图》有一段秦观[1]写的跋，这是我们传统中看画就是

[1] 秦观（1049—1100年），字少游，一字太虚，江苏高邮人。别号邗沟居士，学者称其淮海居士。北宋文学家、词人，被尊为婉约派一代词宗。宋神宗元丰八年（1085年）进士。

看病的境界："余曩卧病汝南，友人高符仲携摩诘辋川图，过直中相示，言能愈疾。遂命童持于枕旁阅之，恍入华子冈，泊文杏竹里馆。与斐（应作裴）迪诸人相酬唱，忘此身之匏系也。因念摩诘画，意在尘外，景在笔端，足以娱性情而悦耳目，前身画师之语非谬已。今何幸复睹是图，仿佛西域雪山，移置眼界，当此盛夏，对之凛凛如立风雪中。觉惠连所赋，犹未尽山林景耳。吁！一笔墨间，向得之而愈病，今得之而清暑，善观者宜以神遇而不徒目视也。五月二十日，高邮秦观记。"

在绘画中，邱世华心旷神达，以绘画完成性命之修，他所做的不是忍辱，而是把辱消解掉了，更像老子说的："知其荣，守其辱，为天下谷；为天下谷，常德乃足，复归于朴。"

太史公[1]说过类似精神的话："大道之要，去健羡，绌聪明，释此而任术。夫神大用则竭，形大劳则敝。形

代表作品：《鹊桥仙》《淮海集》《淮海居士长短句》。

[1] 《太史公自序》是《史记》的最后一篇，是《史记》的自序，也是司马迁的自传，人们常称之为司马迁自作之列传。

神骚动，欲与天地长久，非所闻也。”核心意思就是有些地方不能太要强，要看得开一些。

我不是说梵·高、高更那样不可屈服的骑士般要证明自己的荣誉感不值得尊敬，只是在邱世华身上有另外一种哲学，这种哲学也是来自我们深厚的传统启示。在老庄哲学中，做一个缩头乌龟“曳尾涂中”是很高级的智慧，没有好胜心是最高的状态。《庄子·达生》里说：“望之似木鸡矣，其德全矣；异鸡无敢应者，反走矣。”

“道常无名，朴虽小，天下莫能臣也。”其实想一想，你也不能说做一个不硬碰硬的人没有道理。中国的文化根基是一部柔弱胜刚强的历史，这片土地被各种外来的力量占领过，但最终会有一种顽强的力量重新生发出来。

中国人谦退的姿态使人困惑
——你到底想要不想要

§

很多领域其实都是一个 PK 名利场，如同求仁得仁，追求成功你总得付出些什么，得求名才能得名。

我的老师陈志武[1]是一个非常西化的人，他几乎完全认同西方的价值观，跟他讲道家观念，他是一点

[1] 陈志武，生于 1962 年 7 月。华人著名经济学家、耶鲁大学终身教授。曾获得过墨顿·米勒奖学金。他的专业领域为股票、债券、期货和期权市场以及宏观经济。现受聘于北京大学经济学院。

都听不进去的。老实说，我也很多时候听不进去，《道德经》那套是又不是、不是又是的说法在社会科学领域简直令人无所适从。社会科学就是要把讲不清的东西讲清楚，不光要定性判断，是就是，不是就是不是；还要定量判断，不光要搞清是还是不是，还要搞清是的话，是多少。这才叫学问，整个人类认知科学的体系就是这么发展起来的。要是一个大学教授讲他的学问，老子坐在台下来个“智慧出，有大伪”，定会把人家气死。

陈志武老师也有他的困惑，他跟我说，有个现象他觉得很奇怪。在美国，华人学者在各方面的发展总体上没有印裔好，他也不知道为什么。在很多机会面前，印度人会积极主动地理直气壮地争取，甚至是恬不知耻地争取；而中国人总是谦让，但谦让完了，心里又很不服。心想下次再也不让了，但真到了下次，华人还是不由自主地会谦让。其实也很好理解，他在湖南乡间长大，研究生毕业后才到美国发展，中国文化还是浸透到他血液里了。

这是任何一个中国人，哪怕受过一点传统教育，其骨子里克服不了的习气。一个好东西，越是心里想要的东西，嘴里越会说不想要。更成熟一点的，脸上也会配合表现出来不想要，受传统文化熏陶很深的人，发展到后来就真的不想要了，死活都不要。

介之推[1]随晋公子重耳流亡十九年备受艰辛，是个死心塌地的忠臣。重耳饿晕了的时候，他割了自己的大腿肉让重耳食用。重耳后来返国主政后，成了晋文公，要封赏功臣，“推亦不言禄，禄亦不及”。我觉得，介之推那时是乐意得到赏赐的，但他自己嘴上不说，

[1] 介之推是春秋时代晋国的忠臣，又名介子推，作为不慕虚名、不计报酬的晋国国君晋文公的忠厚臣僚，留下了很多故事，被民间社会广为传颂，如“割股奉君”“功不言禄”“功成身退”。传说文公为哀悼介子推，下令介子推被焚的三月五日为全国禁火日，禁止烟火，仅食寒食，从此形成了中国古代一个著名的节日“寒食节”。虽然寒食节的真正起源并非如此，但将纪念介子推作为寒食节起源的说法却更为流行，甚至后来寒食节逐渐被清明节取代，许多人又把纪念介子推说成清明节的起源。

他大概心想，我们这么铁的关系，还要我开口么？不想晋文公真忙昏了头把他忘了。这对介之推是个很大的伤害，于是他带着老娘隐居到介休绵山。重耳[1]后来想起来，这么一个铁哥们儿还没封赏呢，很过意不去，就亲自带着大臣们前往绵山迎介之推出山为官，要让他享荣华富贵。没想到介之推就是不给晋文公台阶下。介之推大概觉得，我要是现在接受了封赏，那岂不是显得我前面的隐居都是装腔作势，甚至是为了引起领导的重视么？有人知他是孝子，出主意三面放火焚山，逼其出山。晋文公估计也有气，我都这么来迎你了，你还不出来，不是不给我面子么，烧吧！不信你不出来！而介之推就这么坚定，死活不从，最后他们母子给烧死了。

这个悲剧，可能西方人不大好理解，想要就说嘛，

[1] 晋文公（前671或前697—前628），姬姓，名重耳，是春秋时期晋国的第二十二任君主，前636年至前628年在位，晋献公之子，母亲为狐姬。晋文公文治武功卓著，是春秋五霸中第二位霸主，与齐桓公并称“齐桓晋文”。

想要的时候表现得像不想要，真不想要的时候，别人又不敢当你不想要。这就是中国人的性格密码，中国人哪怕没有背过《道德经》，我们骨子里也有这样的文化倾向。

因为不争所以珍稀，大熊猫就是动物中的伯夷叔齐

§

邱世华是四川人，四川是中国一个神奇的地方，也是一个道风很盛的地方。四川也是大熊猫的产地，如果说一种动物代表一种典型性格，大熊猫就是隐士精神的代表。

中国形象的代表动物是大熊猫。有个外国人拍的动画片叫《功夫熊猫》，真是很有意思。主角是一只熊猫，一身都是功夫。熊猫为什么能代表中国？我最近想来，这真不是偶然，这种动物真的就是道家哲学的代表。

大熊猫的标准中文名称其实应该叫“猫熊”。它本来是一种熊，而不是猫，它是熊中的伯夷、叔齐。

伯夷、叔齐，一是有洁癖，推崇非暴力，二是尚退隐，不降其志，不辱其身。叔齐名致，字公达，谥齐，后人称之为叔齐。叔齐、伯夷为商末孤竹君之子，姓墨胎氏。初，孤竹君欲以次子叔齐为继承人，及父卒，叔齐让位于伯夷。伯夷以为逆父命，遂逃之，而叔齐亦不肯立，亦逃之。后来二人听说西伯昌善养老人，遂往归焉。及至，正值西伯卒，武王兴兵伐纣，二人叩马而谏，说：“父死不葬，爰及干戈，可谓孝乎？以臣弑君，可谓仁乎？”武王手下欲动武，被姜太公制止，说此义人也，扶而去之。后来武王克商后，天下宗周，而伯夷、叔齐耻食周粟，逃隐于首阳山，采集野菜而食之，及饿将死，作歌，其辞曰：“登彼西山兮，采其薇矣。以暴易暴兮，不知其非矣。神农、虞、夏忽焉没兮，我安适归矣？于嗟徂兮，命之衰矣！”遂饿死于首阳山。韩愈从儒家的角度称赞伯夷“信道笃而自知明也”。

熊猫就是这样，我们看动物世界里的棕熊都会抢好吃的东西，每年鲑鱼产卵季节，都会为抢占有利地形捕鱼而大打出手。而熊猫就是清高，不争，不降其志，不辱其身，在食物链中退到吃竹子的地步。你想想竹子和鲑鱼能比么？那是没营养到连虫都懒得吃的植物，跟伯夷、叔齐不跟别人争当官，躲到山里采薇差不多。

熊猫简直是一种修炼成了仙的动物，大熊猫就是动物中老庄精神的代表。

从大熊猫身上，你可以理解这也算是生态系统中的一种生存策略，物竞天择，像老鼠一样也是一种生存策略，像狮虎猛兽也是一种生存策略，像大熊猫一样也是一种生存策略。

当我们今天把大熊猫当作中国符号向全世界传播的时候，大多数人没有意识到，大熊猫背后是一种哲学。

骄傲到极处是谦退

§

在春秋诸子百家中，老子大概是内心最骄傲的一个。周朝“守藏室之官”，相当于那个时代的国家图书馆的干部，孔子都觉得他学问大极了。

书读得多的人爱分享，而书读得太多的人，常常就懒得跟别人搭话了，因为看别人讲出来的话水平都不入眼，不在一个维度，骄傲得不屑于搭理别人。这种骄傲又以一种谦虚表达出来。

《道德经》里有一段话最能体现老子的性格了：“唯之与阿，相去几何？善之与恶，相去若何？人之所畏，不可不畏。荒兮，其未央哉！众人熙熙，如享太牢，如登春台。我独泊兮，其未兆；沌沌兮，如婴儿之未孩；傫傫兮，若无所归。众人皆有余，而我独若遗。我愚人之心也哉！俗人昭昭，我独昏昏。俗人察察，我独闷闷。澹兮，其若海；飂兮，若无止，众人皆有以，而我独顽且鄙。我独异于人，而贵食母。”

老子简直牛到了极致，他跟别人讲话时的态度完全是俯视的，相当于说：跟你们这些俗人表现应诺和呵斥，有什么差别呢？你们讲的美好和丑恶，又相差多少？我跟你们压根儿不在一个层次，你们都聪明得很，我呢，糊涂得很；你们都精明有本领，唯独我愚昧笨拙。我唯独与你们不同的地方，是我得到了“道”，这你们就不懂了，跟你们讲你们也不明白。

我相信，除了像孔夫子这样非常好学有修养的人，当时大多数人跟老子打交道，自尊心会很受伤害的。后来老子也不评院士，也不当博导，出函谷关了。

庄子也是一样，出口很伤人，很多人跟他打交道会很不舒服。惠施应该算是最包容他的人了，别人都得被他气死。当时有一个叫曹商的人，一个奋斗改变命运的平凡人，“为宋王使秦。其往也，得车数乘。王说之，益车百乘”。在我看来也是值得钦佩的，是那个时代一个正能量案例。庄子对人家一点面子都不留：“秦王有病召医。破痈溃痤者得车一乘，舐痔者得车五乘，所治愈下，得车愈多。子岂治其痔邪？何得车之多也？子行矣！”

做文天祥还是做丘处机？
——一个值得焦虑的问题

§

有一次邱世华跟我说：“小郭啊，我看你平时说话，感觉你这个人是疾恶如仇，这样不好。”这个话给我当头棒喝的感觉，疾恶如仇在我的辞典中是褒义的啊，有什么不好？我只是觉得自己还不能算真正达到疾恶如仇那样勇敢高尚呢。

我自小是推崇岳飞、文天祥[1]的，特别是文天祥的

[1] 文天祥（1236—1283），初名云孙，字宋瑞，一字履善，

《正气歌》。曾经有一段时间，看到我的朋友进了监狱，自己脑海里只要浮现出文丞相的句子就想流泪。文天祥为他的国家真正做到了仁至义尽。为什么他和我们历史上的很多仁人志士一样知其不可为而为之？因为他们有一种信念，相信“天地有正气”，我们在地上所做的一切，天在看着。我们为国家拼出一腔热血，最后留取丹心照汗青。

而另一个人物，丘处机[1]，他则让我着迷。丘处机也是南宋的人，比文丞相更早一些。在那个大宋江山沦陷的年代，他没有为南宋朝廷服务，倒是跟金朝关系不错。更神奇的是能把打遍天下谁都不屑的成吉思汗发展

自号文山、浮休道人。江西吉州庐陵（今江西省吉安市）人，宋末政治家、文学家，爱国诗人，抗元名臣，民族英雄，与陆秀夫、张世杰并称为“宋末三杰”。宝祐四年（公元1256年）状元及第，官至右丞相，封信国公。于五坡岭兵败被俘，宁死不降。著有《文山诗集》《指南录》《指南后录》《正气歌》等。

[1] 丘处机（1148—1227），字通密，道号长春子，登州栖霞（今属山东省）人，道教主流全真道掌教、真人，思想家、政治家、文学家、养生学家和医药学家。丘处机为南宋、金朝、蒙古帝国统治者以及广大人民群众所共同敬重。

为他的粉丝，给一代天骄在一定程度上洗了一些脑，劝他“去暴止杀”，要“内固精神，外修阴德”。成吉思汗居然也能听得进去。按春秋大义的标准，丘处机明显不符合，但他是个汉奸么？好像也说不过去。他顺应天机，是不会做知其不可为而为之的烈士的，但他也没有做什么坏事。

如果我们面临这样的乱世，做文天祥还是丘处机，真的是一个要选择的问题。我也很难释怀，丘处机怎么能跟侵略自己国家、屠杀自己同胞的异族相处愉快？

但理解了老庄思想的超越人伦的一面，又会觉得丘处机那么选择，在他的哲学下是知行合一的。

庄子老婆死了，朋友都来吊丧，庄子鼓盆而歌。朋友都看不下去了，老夫老妻怎么这么没感情？庄子说：“不然。是其始死也，我独何能无概然！察其始而本无生，非徒无生也而本无形，非徒无形也而本无气。杂乎芒芴之间，变而有气，气变而有形，形变而有生，今又变而之死，是相与为春秋冬夏四时行也。人且偃然寝于巨室，而我嗷嗷然随而哭之，自以为不通乎命，故止也。”

他不光对老婆这样，对待他自己也是这样。他快死的时候，弟子欲厚葬之，庄子曰：“吾以天地为棺椁，以日月为连璧，星辰为珠玑，万物为赍送。吾葬具岂不备邪？何以加此！”弟子曰：“吾恐乌鸢之食夫子也。”庄子曰：“在上为乌鸢食，在下为蝼蚁食，夺彼与此，何其偏也。”

他们对生死和亲情都这样看破，在他们眼里华夷之辨还算什么呢？

以无用、无为作为养生的法则

§

老庄思想导致人各方面的消极。《庄子·外篇·山木第二十》里说：庄子行于山中，见大木枝叶盛茂，伐木者止其旁而不取也。问其故，曰："无所可用。"庄子曰："此木以不材得终其天年。"

夫子出于山，舍于故人之家。故人喜，命竖子杀雁而烹之。竖子请曰："其一能鸣，其一不能鸣，请奚杀？"主人曰："杀不能鸣者。"

明日，弟子问于庄子曰："昨日山中之木，以不材得终其天年，今主人之雁，以不材死，先生将何处？"

庄子笑曰：“周将处乎材与不材之间。材与不材之间，似之而非也，故未免乎累。若夫乘道德而浮游则不然，无誉无訾，一龙一蛇，与时俱化，而无肯专为；一上一下，以和为量，浮游乎万物之祖，物物而不物于物，则胡可得而累邪！此神农、黄帝之法则也。若夫万物之情，人伦之传，则不然。合则离，成则毁；廉则挫，尊则议，有为则亏，贤则谋，不肖则欺，胡可得而必乎哉！悲夫！弟子志之，其为道德之乡乎！”

以老庄哲学，“与时俱化，而无肯专为”，自然会觉得锻炼身体都是无用的，也不刻意做什么事情。老庄的信徒绝不会去健身房练得浑身都是肌肉，那些都是累赘，更不会去像王石那样登珠峰。静养元气才是修道。

如在起居方面，以道法自然的主张，主张人体气血运行盛衰及腑脏经络生理机能与四季昼夜之间发生阳消阴长、阴消阳长的生理变化相适应。春季要“夜卧早起，广步于庭”；夏季要“夜卧早起，无厌于日”；秋季要“早卧早起，与鸡俱兴”；冬季要“早卧晚起，以待阳光”。中医的整个核心理论体系都是建立在老庄哲学之上，以维持身体内部系统的平衡为导向的。

这套哲学，我也不能说是好还是不好，我自己不是一个消极的人，我还是挺喜欢竞技运动，喜欢挑战的，生病时，以我的修为，还是得去看西医。可邱世华确实放弃化疗，放弃了“治”，靠绘画和打坐的调节，淋巴癌不治自愈了。

老庄哲学恐怕不能使你成为成功的企业家，不能帮助你成为奥运会冠军，不过，当你要走进追求成功或者自我证明的牛角尖的时候，它确实是你可以换一个角度来面对人生的一味药引子。

以“天地不仁”为我们认识世界的出发点

——《三体》的哲学底蕴

§

去年我看了《三体》这套小说，一看就看进去了。作者刘慈欣很了不起，就像金庸描述了一个“江湖”世界，刘慈欣用他的故事构造了一个秩序体系。

所有的人类哲学体系，基本上都是建立在仁爱、慈悲、善良和同情心的基础上的，以这个基本假设建立扩展的秩序。基督教倡导要爱你的邻居，相信“天上的父”也是爱人类；穆斯林相信只要虔敬真主，真主必是仁慈的；儒家相信四海之内皆兄弟，哪怕对待不同的文化也要推诚相待，“居处恭，执事敬，与人忠。虽之夷狄，不可弃也。”这些人类普世文明，都有共同点，基于人性的友爱善良作为信念，传播推广到更大的范围，甚至传播到宇宙。

几乎所有的科幻片都是按这种秩序来想象宇宙中其他生命对地球是友好的，甚至热情洋溢的人类想向宇宙去传播人类福音。而《三体》里描述的“宇宙社会学”是颠覆我们三观的，我们去瞎传播，外界的生命比我们高级不知道多少倍，一旦被发现，就是宇宙的黑暗森林法则，外星人和我们无关，并不友好，不跟你讲道理，他们毁灭我们。

我看《三体》，老子的那句话“天地不仁，以万物为刍狗”如同闪电一样重新在我脑海里展现，凸显了它的全部意义和非常超前的宇宙观。这也是刘慈欣能够写出《三体》的哲学基础，在这个宇宙观的基础上，你突然可以理解为什么老子的哲学导向完全不同的人生态度。

我也突然理解了邱世华为什么选择不辩解，为什么老庄哲学视辩解为多余，甚至视解释为多余。我们之所以爱解释，相信传播自己的观点有意义，是因为我们对人性乐观，相信自己追求的价值，自己的信念终会被具有同理心的人类理解，哪怕身边的人不能理解，“天上的父”也会听见我们的呼声，会理解我们。而老子已经理解天地都是不仁的，解释还有什么意义呢？

我也突然理解了为什么邱世华几乎很少与外界交往，为什么老庄哲学最后导向隐居。人类的进步是以聚集和交流基础上的知识和创新大爆炸为基础的，人类变成一个地球村，而老子倡导小国寡民、老死都不相往来才好。因为老子对人类的智慧相当地悲观，人类越折腾、折腾的动静越大，越可能导致自身的毁灭。人类非但不是万物之灵长，在宇宙的自然规律面前，人类太渺小了，和恐龙没什么本质区别，所以道法自然才是真正的智慧。

我更能理解，为什么邱世华眼里疾恶如仇是不好的，甚至他的画里都没有人，他觉得人并不像我们以为的那么重要。确实，在宇宙的社会学里，人类社会的善恶仁义、勇敢、忠诚等等品质都是低维度的，我们推崇民主，而宇宙的规律并不是民主的。他们对宇宙规律是悲观的，所以对人性也是悲观的。

我用的词语是理解，而不是赞赏或者学习，我们大概永远也达不到“圣人无情”的境界，包括邱世华老先生很多时候也会流露出与一个凡人无异的好恶情感。有一次跟我谈起毕加索，他说：“毕加索这个人不好，我很不喜欢这个人，玩弄女性，玩弄女性的人很不好！”我当时觉得好可爱，老先生脑子里其实也是有很多纲常伦理的。

我们哪怕思想驰骋到宇宙，肉身也毕竟是在社会之中，在人伦之中，在人世间的是非善恶之中。我自己可能这辈子都不会进入“无我”的那个禅定境界，也难于真正地绝圣弃智。

我和邱世华的交往和交流，可以理解为一次思想的实验和历险，就像我从小的心性，越是和我的日常经验有差异的，我越是感到好奇，想去搞清楚。到现在，我也并不是都同意邱老所有的观点，但我也不能说我不同意他什么观点，甚至说他传递的，很多并不是什么观点，而是一种态度。他真的和我不一样，但他确实给我打开了生命中没有考虑过的一个维度的智慧，让我在有限的生命中能够亲近另一种选择和生活方式，开拓我在哲学意义上内心的丰富性。

可以说，从先后次序上，我是通过理解邱世华，从而理解了《三体》，理解了我过去以为自己很熟悉，却没有找到感觉的老子、庄子，好像走进了他们的内心，他们在我面前变得亲切了起来。我有一种神交古人的满足。

最后，我选择分享我与邱世华的交流和收获，分享我理解他的人生和艺术法喜充满的快乐，也以此向他，向我曾经都读过但没有理解的老子、庄子致敬。

【附录 1】

邱世华相册

1996 年，邱世华（左四）参加第 23 届巴西圣保罗国际艺术双年展特展，右一：张颂仁，右二：卡普尔。

1997 年，邱世华与夫人在瑞士。

1999年，邱世华在巴塞尔美术馆举办个展，与馆长合影。

2006年，邱世华在广州肿瘤医院治疗期间与友人合影，后放弃治疗。

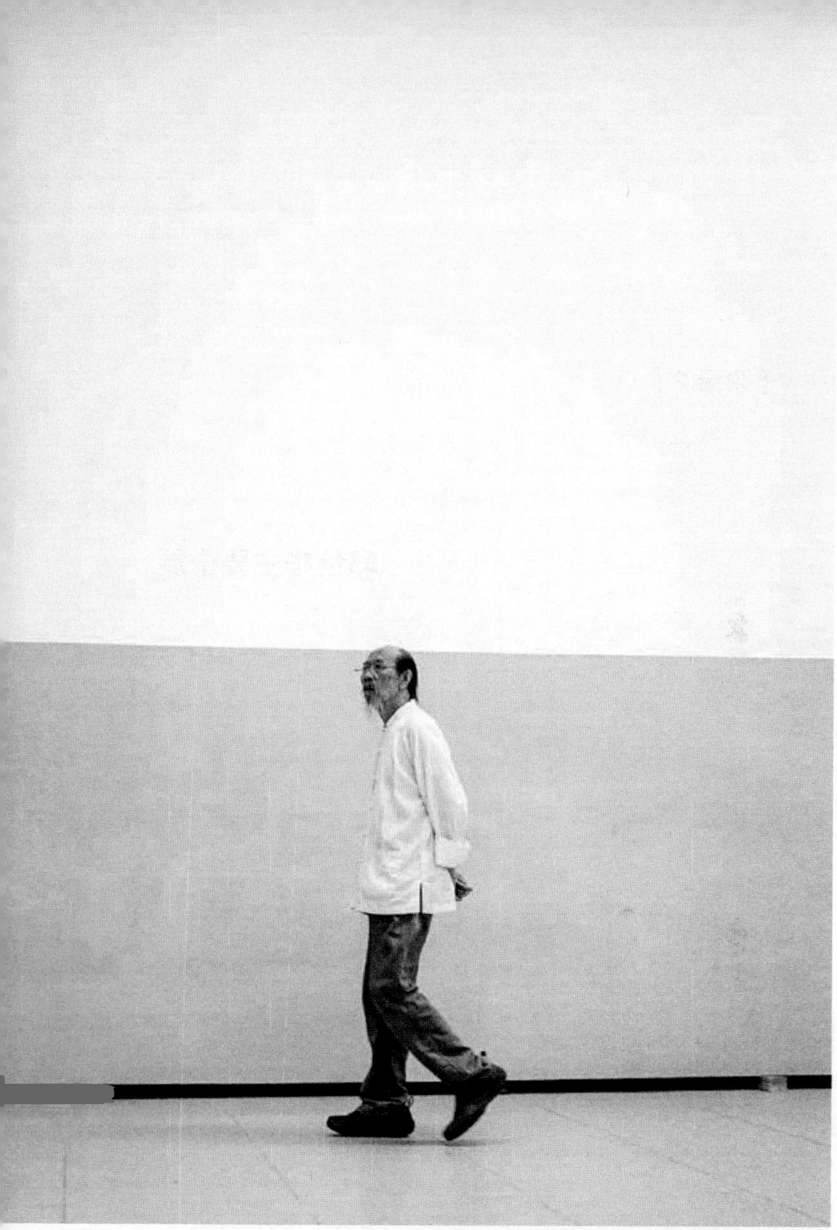

2017 年，战胜癌魔的邱世华在工作室。

【附录2】

邱世华主要个展

§

2015《Qiu Shihua. Calme》，Galerie Karsten Greve 画廊，法国巴黎；

《Aura of Nature》, Galerie Karsten Greve 画廊，德国科隆；

2013《新作》，麦勒画廊北京－卢森，卢森，瑞士；

《圣莫里茨艺术大师冬季展》，归正乡村教堂，圣莫里茨，瑞士；

2012《邱世华—景观，光，沉默》，Pfalzgalerie博物馆，凯撒斯劳滕，德国；

《邱世华》，麦勒画廊北京－卢森，中国北京；

《Weisses Feld/White Field》，汉堡车站现代美术馆，柏林，德国；

2010《邱世华》，麦勒画廊北京－卢森，北京，中国；

2009《邱世华——新的作品》，麦勒画廊北京－卢森，卢森，瑞士；

2008《邱世华作品展》，上海沪申画廊，上海，中国；

2007《邱世华》，Luis Campa.a 画廊，科隆，德国；

2006《75》，Faubourg 画廊，巴黎，法国；

2005《邱世华》，麦勒画廊北京－卢森，卢森，瑞士；

《邱世华》，Luis Campa.a 画廊，科隆，德国；

《启示：邱世华》，前波画廊，纽约，美国；

《视野的领域——邱世华》，香港汉雅轩，香港，中国；

2004《邱世华》，K ü nstlerverein Malkasten，杜塞尔多夫，德国；

2003《邱世华》，麦勒画廊北京－卢森，卢森，瑞士；

《邱世华》，Luis Campa.a 画廊，科隆，德国；

2002《白色风景》，Pr.ss & Ochs 画廊，柏林，德国；

2001《山水——可视边缘的绘画》，OTSO 画廊，埃斯波，芬兰；纽约美术馆，纽约，美国；

2000《邱世华》，麦勒画廊北京－卢森，卢森，瑞士；

《山水——可视边缘的绘画》，Rudolfinum 画廊，捷克布拉格；施滕贝克画廊，捷克施滕贝克；

1999《邱世华》，巴塞尔美术馆，巴塞尔，瑞士；

1997《邱世华个展》，香港汉雅轩，香港，中国；香港汉雅轩，台北，台湾，中国；

1995《邱世华个展》，香港汉雅轩，香港，中国；

1991《邱世华个展》，香港汉雅轩，香港，中国；香港汉雅轩，台北，台湾，中国；

【附录3】

邱世华主要群展

§

2016《水墨与心灵“水墨：现象与阐释”系列展之二》，墨斋画廊，中国北京；

《M+ 希克藏品：中国当代艺术四十年》，ArtisTree，中国香港；

2015《Beyond Horizon. Reflexion on the horizontal line》，Karsten Greve 画廊，法国巴黎；

《Harmonyand Transition》，Reflecting Chinese

Landscapes;

《MARTa Herford》, 黑尔福德，德国；

《Galerie Karsten Greve AG》, 圣莫里兹，瑞士；

2014/2015《神秘的迹象，中国当代艺术中的书法》，法尔肯，汉堡，德国；

2014 《对话 5:5》，波恩当代艺术馆，德国；

《开卷：当代与传统》，温哥华美术馆，温哥华，加拿大；

2013 《水墨艺术：当代中国艺术的今昔与共》，大都会博物馆，美国纽约；

《对白》，虚薄艺术第二回展，索卡艺术中心，中国北京；

《构建桥梁——中国当代艺术》，沃尔夫斯堡，瑞士 Ermatingen；

2012《 世 界 观，17 至 21 世 纪 的 山 水，Dieselkraftwerk 美术馆，科特布斯，德国；

《虚薄：杜尚与庄子》，虚薄艺术第一回展，元典美术馆，北京；

《Landschaft als Weltsicht》，开姆尼茨艺术博物馆，开姆尼茨，德国；

《心性自然——朝向未来的中国绘画》，今日美术馆，北京，中国；

2011《Weltsichten. Landschaft in der Kunst seit dem 17. Jahrhundert 世界观，17 世纪的风景》，威斯巴登博物馆，威斯巴登，德国，基尔美术馆，基尔，德国；

《山水——无声的诗，中国当代艺术中的风景》，卢森美术馆，卢森，瑞士；

《收藏家的舞台：亚洲当代艺术来自私人收藏》，新加坡艺术博物馆 (SAM)，新加坡；

2010《Weltsichten. Landschaft in der Kunst seit dem 17. Jahrhundert，Situation Kunst》，德国波鸿；

2009《Linienstiller Sch?nheit》，DKM 博物馆，德国杜伊斯堡；

《意派——世纪思维》，今日美术馆，中国北京；

《黑白铸造——邱世华，杨黎明》，铸造艺术馆，中国北京；

2008《麻将——希客中国当代艺术收藏展》，加利福尼亚大学；伯克利美术馆；太平洋电影文献馆，伯克利，美国；

《红归红——希克中国当代艺术收藏展》，胡安·米罗基金会，巴塞罗纳，西班牙；

《沉积——新东方精神》，北京亚洲艺术中心，北京，中国；

《意派：中国抽象三十年展》，帕尔马，巴塞罗那，马德里，西班牙；

《气韵——中国抽象艺术国际巡回展》，中国广场画廊，纽约，美国；

2007《麻将——希客中国当代艺术收藏展》，现代博物馆，萨尔茨堡，奥地利；

《重新启动——第三届成都双年展》，成都当代美术馆，成都，中国；

《气韵——中国抽象艺术国际巡回展》，何香凝美术馆，OCT 当代艺术中心，中国深圳；

北京现在画廊，中国北京；香港牛棚艺术村，中国香港；

《风景与记忆 II》，Haines 画廊，旧金山，美国；

《希客中国当代艺术收藏展》，巴西文化中心银行，里约热内卢，巴西；

《金猪年——希克中国现代艺术收藏展》，考克大学 Lewis Glucksman 画廊，考克，爱尔兰；

《地狱天堂——十年》，Alexander Ochs Galleries 柏林－北京，德国柏林；

《田园诗，幻觉与妄想》，DA2－多莫斯博物馆，萨拉曼卡，西班牙；

《白列》，Palais Thurn und Taxis 美术馆，布雷根茨，奥地利；Stadt 画廊，萨尔布吕肯，德国；

2006《The Sublime is Now》，Franz Gertsch 美术馆，布格多夫，瑞士；

《麻将——希客中国当代艺术收藏展》，汉堡美术馆，汉堡，德国；

2005《形象的基因：中国制造》，麦勒画廊北京－卢森，卢森，瑞士；

《麻将——希客中国当代艺术收藏展》，伯尔尼美术馆，伯尔尼，瑞士；

《中国：在当代中国艺术家的眼中》，SpazioOberdan，米兰，意大利；

《什么是现实主义》，Albermarle 画廊，伦敦，英国；

2004《上海双年展》，上海美术馆，上海，中国；

《Le Printemps de Chine CRAC Alsace》，阿尔特基克，法国；

2003《幻想——在艺术的看法》，格拉茨国家美术馆，格拉茨，奥地利；

《新地带：中国艺术》，Zacheta 国家美术馆，华沙，波兰；

2002《中国——传统与现代》，路德维希画廊，奥伯豪森，德国；

《欢迎中国！》，Soardi 画廊，尼斯，法国；

2001《Take Part II》，麦勒画廊北京－卢森，卢森，瑞士；

《内向的眼睛：当代艺术中的超越》，休斯顿当代美术馆，休斯顿，美国；

《第二届柏林双年展》，柏林，德国；

《Take Part I》，麦勒画廊北京－卢森，卢森，瑞士；

2000《我们的中国朋友》，ACC 画廊，包豪斯大学画廊，麦勒画廊北京－卢森合作，崴玛，德国；

1999《d'APERTutto，第 48 届威尼斯双年展》，威尼斯，意大利；

《自然的真实》，路德维希论坛，亚琛，德国；

1998《八位中国艺术家》，麦勒画廊北京－卢森，瑞士卢森，亚洲艺术画廊，柏林，德国；

1996《中国》，波恩美术馆，波恩，德国；维也纳美术馆，维也纳，奥地利；新加坡美术馆，新加坡；Zacheta 国家美术馆，华沙，波兰；Haus der Kulturen der Welt 世界文化宫，柏林，德国；

《第 23 界圣堡罗双年展大会特别邀请展》，圣保罗，巴西；

1995《后八九中国新艺术展》，俄勒冈大学美术馆，波特兰，美国；

1992《第一届中国油画年度展》，香港，中国；

1986《中国艺术节》，拉德芳斯，巴黎，法国。

读后感言

读后感言

读后感言

读后感言

读后感言

读后感言